卑弥呼の真実に迫る
京都府丹後に謎解きの鍵！

伴 とし子
Toshiko Ban

明窓出版

はじめに

浪漫溢れる古代史の謎解きを

広大な日本海に面した京都府の北部に位置する丹後は、古代は表玄関であり、先進文化に富んだ海人族《あま》の国です。

浦入《うらにゅう》遺跡（舞鶴市）からは縄文の丸木舟が出土し、約六〇〇〇年前に日本海を航行していた海人族の姿がうかがえます。弥生時代には、当時日本有数の大きさを誇る方形墓である赤坂今井墳丘墓（京丹後市峰山町）があり、勾玉管玉で作られた冠が出土し、また、大風呂南墳墓（与謝野町岩滝）からは見事なガラス釧《くしろ》や多数の鉄剣が出土しました。

古墳時代には、日本海沿岸三大巨大古墳といわれる二〇〇メートル級の網野銚子山古墳（京丹後市）や神明山古墳（京丹後市）、また蛭子山古墳（与謝野町）があり、ほかにも貴重な遺跡がたくさん残されています。

また、数々の伝説や伝承がある所です。

丹後の小さな駅の絵看板にひっそりと描かれていたのは「浦嶋神社」という文字でした。どうしてここにあるの？　という想いが、幼い頃からずっと心の奥深くに残っていました。

伝説の王者である浦島伝説、天女伝説が残り、文献学的には最古といえるのが丹後の伝説です。おとぎ話や民話、それに伝説というものは消された歴史の一端を語り、真実の歴史へと導く鍵を秘めているのではないでしょうか。重要な伝説の残る所に貴重な歴史、また敗者の歴史が見え隠れするように思えます。そういった意味では、歴史を伝説からひもとくことも第一歩かもしれません。そうした伝説から地域の伝承を、また神社伝承から、遺跡からと探っていくことが、曖昧な歴史を少しでも明らかにしていく手順ではないでしょうか。

そして、宮津市には丹後一宮籠神社があり、代々海部氏により受け継がれ、現在は八二代の海部光彦宮司が祭祀を司っておられます。ここには、国宝となった系図『海部氏系図』があります。この『海部氏系図』は、『古事記』『日本書紀』が語らない内容に満ちており、古代社会において優秀な活躍をし、先進国家を支えた海人族の存在を見ることができます。まさに、隠された古代史を秘めた系図といえます。

この系図のひとつである『海部氏勘注系図』には、「日女命」という名が記されており、『魏志倭人伝』に登場する「トヨ」を連想させる名が記されています。

この系図の中に「卑弥呼」と「トヨ」がいるのではないか、こうした思いは、系図を見つめ、遺跡や伝承を探れば探るほど大きな確信に変わっていきました。

邪馬台国論については、百家百様ありますが、中でも九州説と畿内説が東西の雄です。しかし、いまだ結論には到ってはいません。

中国の史書『魏志倭人伝』には、邪馬台国と言われる国があり、卑弥呼という女王がいたと記されています。卑弥呼たちが活躍したのは二世紀後半から三世紀で、弥生後期といわれる時代です。

また、日本最古の正史といわれる『古事記』『日本書紀』は、成立したのが八世紀です。『魏志倭人伝』の成立と『古事記』『日本書紀』の成立にはおおよそ四〇〇年の開きがあります。国が成り立つ最も大事な時期について、『古事記』『日本書紀』が十分に書き表しているとは思えません。『古事記』『日本書紀』が語らないことがあるに違いない、何かの事情があってあからさまに書けないとされたことがあるに違いない、そんな思いを抱くのもまた古代史研究するものには当然のことと思われます。

丹後半島には海人族のいた海部郷があり、古代の遺跡や伝説が豊富にあり、しかも系図まで残されています。そして、ここでは、丹後を中心とする大丹波が古代大きな力を持っていたことが明らかになってきます。

邪馬台国はどこであったのか、卑弥呼はいずこで生きていたのか、まさに浪漫溢れる古代史の謎解きの醍醐味を少しでも味わっていただければ幸いです。

＊地名の表記について

丹後とは、七一三年に丹波国が割かれてできた国名です。古代丹波とは、今の丹後、丹波、但馬を含む国です。その中心勢力があったのが丹後であるため、この書では「丹後」また、「丹後王国」という表記をしています。また、古代丹波は大国であることを表すため、「大丹波王国（＝丹後王国）」という表現をしています。

目次

はじめに 3

一、伝説のなかに真実が隠されている

1 なぜ天橋立にイザナギイザナミ伝承が残るのか 13
2 なぜ浦島子は常世にいったのか 15
3 天女伝説は三つあった 23
4 神仙思想ただよう丹後 30
5 海を渡った多婆那《たばな》国生まれの脱解王とは丹後の人か 31

二、丹後とはどこか？

1 丹波の初見と丹後誕生 36
2 丹後王国、大丹波王国と勢力の及んだ範囲 38

三、伝承から二十一世紀へ続く丹後の宝

1 お伊勢さんのふるさと～元伊勢伝承 43
2 吉佐宮 真名井神社と豊受大神 46
3 古代から継承される籠神社 50
4 古代の謎を解く鍵～国宝『海部氏系図』 52
5 丹後にあった天孫降臨神話～『古事記』とのかかわり 59
6 丹波から出土した勾玉～『日本書紀』にある逸話 62

四、民話や伝説を裏付ける遺跡と出土品

1 弥生の丹後にはガラスも鉄も絹もあった 67
2 青龍三年鏡は卑弥呼の鏡か 72
3 大風呂南墳墓の多量の鉄剣は列島第一の有力な王の証 74
4 有数の鉄の生産地　丹後 76
5 ヤマトと丹後を結ぶクリスタル・ロード 78

五、古代海人族の歴史を語る国宝『海部氏系図』

1 日本海を雄飛した海部氏 81
2 古代は日本海ルートが重要 84
3 水軍の長、建振熊宿禰 87
4 欠史時代は古代海人族がになった 89
5 天御蔭命とは、大王を表すのか 92
6 系図に書かれた神宝、息津鏡と邊津鏡が籠神社にあった 96
7 ヤマトに入った倭宿祢命《やまとすくねのみこと》 99
8 なぜ海人族は衰退したのか 102
9 なぜ丹後が消されたのか 103
10 海部氏のたどった道 105
11 海部氏と日本の始まり 106

六、邪馬台国はどこ？

1 邪馬台国のたどった歴史 110
2 「倭国」とはどんな国か 113

3 邪馬台国を探す 117
4 方角と里数 119
5 里数から日数になっているのはなぜか 120
6 日本海ルートできた魏使 123
7 投馬国と邪馬台国 124
8 「水行十日陸行一月」の解釈について 128

七、卑弥呼はいずこ？『魏志』の卑弥呼と『系図』の日女命

1 『魏志倭人伝』の記す卑弥呼 130
2 卑弥呼の活躍した時代 136
3 卑弥呼の後継者　宗女トヨ 137
4 卑弥呼とトヨがいた海部氏の系図 140

八、邪馬台国の条件と丹後

1 邪馬台国の条件Ⅰ　海を制することができたのはどこか 145
2 邪馬台国の条件Ⅱ　鉄を制したのはどこか 146
3 邪馬台国の条件Ⅲ　弥生後期に、文化が一番進んでいたのはどこか 147
4 邪馬台国の条件Ⅳ　巫女王のいた女王国とはどこか 147

九、高貴な女王がいた丹後王国

1 竹野姫の父は旦波の大縣主由碁理 152
2 垂仁天皇の皇妃に推薦された比婆須比賣命とその姉妹 157
3 王国を彩った姫たち 159

4 丹後の姫は醜いから返されたのではない 162
5 女王が眠る丹後の古墳 164

十、邪馬台国論争はまだまだ終わらない
1 帥升は丹後の王か 168
2 近江の遺跡の重要性 170
3 伊勢遺跡は卑弥呼の母の時代か 172
4 卑弥呼の金印はどこに 174
5 銀印を賜った難升米と都市牛利 177

十一、赤坂今井墳丘墓に眠るのは誰か
1 弥生時代最後を飾る王が眠る全国一の墳墓 180
2 二番目に大きな埋葬施設は女性 184
3 一番大きな墓に寄り添う同族の墓 185
4 赤坂今井墳丘墓に眠るのは海人族 187

十二、邪馬台国から大和朝廷へ

あとがき 195
参考文献 198
プロフィール　伴とし子 201
資料「魏志倭人伝」（書下し文と注釈） 202

一、伝説の中に真実が隠されている

おとぎ話や民話、それに伝説というものは消された歴史の一端を語り、真実の歴史へと導く鍵を秘めているのではないか。だから、重要な伝説の残る所に大きな歴史、また敗者の歴史が見え隠れするように思える。またそういう歴史の重要地域には、物証として歴史を裏付ける重要な古代遺跡が必ずある。

そういった意味では、歴史を伝説から探ることも第一歩かもしれない。そうした伝説から地域の伝承を探り、また神社伝承から探り、遺跡から探っていくことが、曖昧な歴史を少しでも明らかにしていく手順ではないだろうか。

「はじめに」でそう書いたように、古代史の研究の手始めに伝説を集め始めた。もしも書かれた資料として残されることが、時の支配者にとって不都合な場合は消却され、その真実を後世に伝えたい時は、口述で秘かに伝えることしかできなかったに違いない。それは神話となり伝説となり、昔話となり、歌となって、長い歴史を耐えて生き続けると想像された。

そうした伝承も時には記録されることもあり、そのひとつが日本各地に残る『風土記《ふどき》』である。これは奈良時代（元明天皇の頃）に律令制を実施して全国を統一した朝廷が、各地の様子を知るために命じて作らせたものである。主な内容は、地名の由来や産物、土地の状態、伝承などである。とはいっても、原本が残ったものはほとんどなく、写本または一部分のみ残存する逸文《いつぶん》として内容の一部が後世の書物に記されていることが多い。

では、丹後地方ではどうだろうか。丹後には、『丹後国風土記』がある。現在は逸文が残っているだけだが、「天橋立」、「浦島子《うらのしまこ》」（浦島伝説）、「奈具社《なぐのやしろ》」（天女伝説）の話が万葉仮名まじりの和歌を交えて長文で記されている。これらは、「浦島太郎」や「天女のはごろも」といった昔話の原型になるが、浦島伝説と羽衣伝説は、日本各地はもとより世界各地にある。そうした中でも文献学的に最古とされるのが丹後の伝説である。いわば、浦島伝説、羽衣伝説の発祥の地と言える。しかも、この二つが、一箇所にあるのは、全国で丹後だけである。

日本の中央、千年の都として世界に誇る京都がある。同じ京都府であっても、丹後地方は、その京都の辺境と言わざるを得ないような、日本海に突き出た半島とその周辺を言う。そんな辺境の地とも思われる場所が、日本で最も貴重な伝説が残された地だと言っても過言ではない。

伝説が多いというそのことだけでも、その地が早くから多くの人々の出入りがあり、さまざまな出来事があったという何よりの証拠である。神話と伝説の中にこそ歴史の真実が隠されているに違いない。

伝説を記録した全国の風土記の中で、完本あるいは完本に近い形で残っているものは播磨国、常陸国、出雲国、肥前国、豊後国の五つのみで、あとは散逸し、逸文として残っている。『丹後国風土記』も逸文として三カ条残るだけである。しかし、残されたものはたいへん重要な天橋立の伝説と浦島伝説、天女伝説なのである。

(1) なぜ天橋立にイザナギイザナミ伝承が残るのか

神々が初めて天地を往来した天橋立

天橋立は、江戸時代からは宮城県の松島、広島県の宮島と並んで「日本三景」と呼ばれるようになり、さまざまな角度からその美しさを愛でることができる。傘松公園から天橋立を眺めた様子のことを、「斜め一文字」と言う。あるいは龍が飛び立つように見える「飛龍観」は、天橋立駅方面から見られる。雪舟が描いた「天橋立図」のように見える「雪舟観」は獅子崎稲荷神社を登っていった天橋立雪舟観展望休憩所から見え、大内峠一字観公園からは、漢字の「一」に見える「一字観」がある。

天橋立の伝説は、国生みした伊射奈藝命が天と地を通うため梯子を作ったが、それが倒れて今の天橋立になったという壮大な神話である。

『丹後国風土記』逸文として残されている話のひとつにその伝承がある。

「天の椅立

丹後の國の風土記に曰く、與謝郡の郡家の東北の隅の方に速石里有り。此の里の海に長く大なる前《さき》有り。長さ千二百二十九丈、廣さは或る所は九丈以下、或る所は十丈以上、二十丈以下なり。先を天椅立《あまのはしたて》と名づけ、後《しりへ》を久志濱《くしのはま》と名づく。然云《しかい》ふは、国生みましし大神、伊射奈藝命、天に通《かよ》ひ行《い》でませむとして、椅《はし》を作り立てたまひき。故れ、天椅立と云ひき。神の御寝《みね》坐《ま》せる間に仆《たふ》れ伏しき。すなわち、久志備《くしび》坐すことをあやしみたまひき。故れ、久志備の浜と云ひき。この中間《なかつよ》に久志と云へり。これより東の海を與謝の海と云ひ、西の海を阿蘇の海と云ふ。この二面の海に、雑《くさぐさ》の魚貝等住めり。ただ、蛤《うむぎ》は乏少《すくな》し」

伝承によると天橋立は、天と地を結ぶ梯子であり、伊弉諾《いざなぎ》が天から大きな梯子を立てたものが一夜で倒れてしまい、それが天橋立になったというものである。砂浜の突出部を天橋立と名付け、後を久志浜と名付ける。

国生みした伊弉諾尊《いざなぎのみこと》が寝ている間に、梯子が倒れ、海上の砂浜になったとして、霊異の働きを伊弉諾が認め、久志備の浜という。「くしび」は、「奇び、霊び」で、「霊妙で不思議なこと」、「くしびの浜」とは、「霊妙で、神秘的な浜」であることをいう。神々が初めて天と地を往来したという交通神話の残る地、それが天の橋立である。

天の橋立、その橋には誰が立ったのか。神が立ったという。それは何か。

なぜ天橋立にイザナギイザナミ伝承が残るのか。単なる砂洲の松林の道を、天の梯子に見立てた真の理由とは何か。それは、このあたりが国造りの最初の地であったからではないだろうか。

(2) なぜ浦島子は常世にいったのか

浦島伝説に秘められた丹後の悲哀

天橋立伝説が国造りの地であることを伝承するためだとすれば、浦島太郎の伝承は何を伝えたかったのだろうか。

日本のおとぎ話のひとつである浦島太郎の話は、次のようである。浦島太郎が、子供たちがいじめている亀を助け、亀はお礼に太郎を竜宮城に連れて行く。竜宮城では乙姫さまの歓待を受けるが、故郷が恋しくなる。乙姫さまから決して開けてはならないという玉手箱をいただき、帰ってみたが、知っている人は誰もいない。太郎が玉手箱を開けると、煙がでて、それを浴びた太郎は老人となった。竜宮城ではわずかな日数だったが、地上では長い年月がたっていた、という話である。

この昔話の原型の一つが『丹後国風土記』にある「浦嶋子」の話である。そこに、丹後が舞台であることが書かれており、丹後地方には、この浦島伝説を伝える地が二つある。ひとつは伊根町であり、ひとつは京丹後市の網野町である。簡単にその内容にふれてみよう。

①日下部氏の子孫はアワビを食べない　伊根の浦島

丹後半島の東側、天橋立から北に約二十キロの伊根町の宇良神社には、『浦島口伝記（うらしまくでんき）』として次のように語られている。

雄略紀二十二年秋七月、筒川の嶋子は一艘の小舟で釣りにでました。ところが、三日三晩一ぴきの魚だに釣れません。やっと、五色の亀を釣りました。ながめているうち、ついうとうとと居眠りをしてしまいました。

めざめると、そこには亀姫さま、すなわち乙姫さまがいました。（※亀姫＝乙姫）

「この大海原のどこからあなたはおいでになったのでしょう」

嶋子がたずねると、乙姫さまは、「とこよの国から参りました」と答えました。

「神さまでしょうか。どうかお名前をおしえてください」

すると、乙姫さまはこたえました。

「わたくしは、かねがねからあなたのお姿を拝見してまいりました。優れた頭をもち、心もやさしく、大きな力で国を治めておられます。また、このうえもなく、お美しい姿をされています。思いがつのり、やっとここまでやってまいりました。これからは、よろずの年をあなたと二人でとこよの国ですごしましょう」

二人は、とこよの国に行きました。

大きな嶋につき、そこには美しい宮殿がありました。四季の花あふれる間で歓迎をうけ、神になる儀式をうけ、乙姫さまと結ばれました。

毎日、美しい衣裳をきて、宴にのぞむ二人でした。そして、欠かさず長生きの薬を飲みました。

楽しいとこよでのくらしにもかかわらず、嶋子は、望郷の情がおきました。

とうとう、嶋子は、乙姫さまから玉手箱をもらい、故郷に帰ってきました。

筒川で洗濯をしている老婆がいたのでたずねると、三百年以上もたっていることをしりました。

嶋子の叔父にあたる曽父谷次郎と今田三郎は雲龍山にかがり火をたいて、嶋子の帰りを待ったとのことでした。

乙姫さまとの約束を忘れた嶋子は、決して開けてはならないという玉手箱を開けました。すると、紫の煙がでてきて、その煙を追いながら嶋子は、とうとう老翁となってしまいました。

竜宮城では乙姫様が宮殿で迎え入れ、さながら女王国のようである。

宇良神社には、亀甲模様の玉手箱（室町時代）が所蔵されており、中には化粧道具が入っている。乙姫の小袖（桃山時代）、『浦嶋明神縁起』（十四世紀前半）、能面などが伝えられている。伊根町には常世の浜があり、嶋子が釣りを楽しんだであろう海には舟つなぎ岩がある。又、龍宮に通じているといわれる龍穴がある。神秘的な海の伝説が生きる丹後である。

また、宇良神社には、亀にお酒を飲ませる神事があり、戦前には、日下部家のものが亀にお酒を飲ませる役割を担っていたということだ。

兵庫県の粟鹿神社には、日下部氏の系図が残り、そこには、嶋子の名が記されている。また、兵庫県の赤渕神社には、大化元年（六四五年）に日下部系の表米宿禰命が、丹後の白糸の浜に来襲した新羅の賊を討伐した際、沈没しかけた命《みこと》の船が、海中から浮かび上がった無数のアワビに助けられたので、そのアワビを持ち帰り赤渕神社に祀ったということで、近隣では今でもアワビは食べないという風習が残っているという。

日下部家の子孫の方に尋ねると、「もちろん、今でもアワビは食べません」といわれた。大昔にアワビに受けた御恩があるためとはいえ、こんな美味しい海の幸を、今でも一切口にされないとは残念な気がするが、こうした大昔の伝統が今も息づく土地柄なのである。

②浦島太郎はお父さん　嶋子の系図が残る網野の浦島

丹後半島の伊根とは反対側の西海岸に網野があるが、そこにも浦島伝説がある。

今の旧網野村が松原村と福田村という二つの村にわかれていた頃。水の江の長者と呼ばれていた日下部氏の家があり、この家は二七ヶ村の支配を許されていた。日下部曽却善次の代に夫婦の間に子供がなく、百日の祈願をしたところ、網野の福島で、生まれたばかりの赤子が布団にくるんで置かれており、嶋子と名付け育てた。

嶋子は、成長すると釣りが好きで、水の江（網野町の離湖・浅茂川湖）や澄の江（外海）で漁をした。

ある日、嶋子が福島の白鷺が鼻という海辺で釣りをしていると、たいへん美しい婦人に出会い、それが乙姫様であることがわかり、二人は夫婦の約束をし、竜宮に行った。楽しい日々を送るうち、またたく間に三年の月日が流れ、望郷の念が起きた。

嶋子は、玉くしげと数々のおみやげ物をいただき、舟に乗って網野の万畳浜に帰りついたが、出逢う人はみな知らない人ばかりで、もとの家はなく、一面の荒野原となっていた。

嶋子はなげき悲しみ、乙姫様からもらった玉くしげを開けたら、ひょっとすれば数百年も昔に遡り、昔の故郷や両親に逢えるかもしれないと思い、ついにその箱を開けた。

すると、中から白い煙が立ちのぼり、たちまち嶋子の髪は白くなり、顔にもしわができて、すっかりおじいさんになってしまった。驚いた嶋子は、思わず自分の頬のしわをちぎっては榎《えのき》に投げつけた。しわを投げつけたという一本榎は「しわ榎」といわれ、今も残っている。


浦島伝説は、『丹後国風土記』逸文に舞台が丹後として書かれている。

このように、この丹後には、伊根町の宇良神社に伝えられるもののほか、網野町にも独特の浦島伝説が残されている。そして、ここには、『日下部系森家の系譜』が残されている。

主人公の名は日下部家の嶋子で、嶋子は丹後の豪族であった。

浅茂川の島児神社、釣った魚を放したといわれる釣溜、乙姫様とのめぐりあいをした福島、帰りついた万畳浜、嶋子の館跡と伝説の木「しわ榎」、嶋子を祀る網野神社などが史跡として残っている。

嶋子の館跡は、日本海沿岸で最大の網野銚子山古墳（全長一九七メートル）の地続きにある。

ここで一番注目されるのは、丹後の豪族だったということである。その当時、そのあたりを支配していたもの、海外との交流・交易をしていた豪族・海洋民の姿を嶋子に見るのである。

『日下部系森家の系譜』からは、嶋子は日下部曽却善次の長男であり、日下部氏の主祖、彦坐命の子孫であることがわかる。おとぎ話の主人公名、浦島太郎は、嶋子の父親の名である。そして、嶋子は、七つの宝物を龍宮より持ち帰ったという。

それは、一、玉手箱　二、白面　三、金銀の珠　四、鏡　五、寿命築　六、子珠　七、満珠の七つで、かつて、網野神社にも、こうした宝物があったということだ。

系譜によると、網野神社に、大同元年（八〇六年）二月に、嶋根左衛門保重という人が奉職している。網野神社の創始は不明である。しかし、この系譜に従う限り、少なくとも八〇六年には網野神社が奉られていることがわかる。

ちなみに、網野神社は、享徳元年（一四五二年）九月十三日に再建され、網野神社本宮から現在の網野神社の所在地に移されたことは『網野町史』からもわかる。また、『社記』によると、祭神は、水江日子坐王命、住吉大神、水江浦島子神となっている。日下部善照は、古久地（こくち）（網野町小口）の長者として、東日置まで二七ヶ村を領地としていたという。

この浦島伝説が丹後半島の伊根町にも伝えられ、網野町にも伝えられているのは、日下部氏が双方の領主であり、丹後半島に広く勢力を誇った一族であったことを物語っている。

③歴史として書かれた『日本書紀』の浦島伝説

ところが、このおとぎ話のような話が歴史書である『日本書紀』にも書かれている。浦島子が常世に行く話は、『日本書紀』の雄略天皇二二年の条にある。

「雄略天皇二十二年秋七月、丹波国の餘社郡の管川の人瑞江浦嶋子、舟に乗りて釣す。遂に大亀を得たり。たちまちに女に化為る。ここに、浦嶋子、感《たけ》りて婦《め》にす。相したがひて海に入る。蓬萊山《とこよのくに》に到りて、仙衆《ひじり》をめぐりみる。語《こと》は別巻にあり」

なぜ、浦島子は常世にいったのか。この雄略天皇二二年には、丹後にとってある大きな出来事が起きていた。

『倭姫命世紀』には、雄略二二年秋七月に豊受大神を丹波（丹後）から伊勢に遷座したことが書かれている。つまり、この年は、丹後の祖神豊受大神が伊勢に遷宮された年、同じ時だったのである。丹後は豊受大神の国といえるほど各地で祀られている偉大な神である。

豊受大神の遷宮は、蓬萊山に行く浦嶋子の姿に重なる。浦嶋子は日下部氏の系譜上の人物であり、蓬萊山に行くということは、すなわち、日下部氏の衰退であり、丹後海人族の勢力の衰退を表しているということである。これこそが、浦島伝説の中に秘められた丹後の悲しい歴史なのではないか。

しかし、いくら力で奪い去ろうとしても心は奪えない。その後も豊受大神は丹後で祀られ人々の心に深く生きている。

そして、この浦島伝説で気にかかることのひとつは、龍宮にいた乙姫という神なる女性が龍宮の主であったことである。この地、丹後一帯では、女性が主役だったのだろうか。

丹後には龍宮伝説がある。龍宮城という幻の夢の国、これは、海人族が栄華を極めた理想の国であり、かつて栄えた丹後王国、大丹波王国、海人《あま》王国であるともいえよう。そして、乙姫は、この王国に君臨した女王ともいえるであろう。

(3) 天女《てんにょ》伝説は三つあった

天女伝説も各地にあり、天から降りてきた天女とその天女に恋する男が夫婦になるという話が一般的であるが、『丹後国風土記』の天女伝説は親子の関係になるというところが特徴である。そして、最後は、天から地上へ降りた天女が神となるという荘厳な物語である。

丹後の天女伝説は、『丹後国風土記』によるものと、地元伝承として残るもの、そしてもうひとつは、籠神社の『丹後国一宮深秘』に記されたものと三つの伝承がある。

①『丹後国風土記』逸文が伝える天女伝説

『丹後風土記』の逸文の「奈具社《なぐのやしろ》」に書かれた羽衣伝説は、全国の同様の伝説の中で最も古いと言われている。このことは和銅六年(七一三年)に丹波国を割いて丹後国が置かれたその年に『風土記』撰進の命がでたことが『続日本紀《しょくにほんぎ》』からわかる。

内容を簡単に紹介しよう。

丹後国の丹波郡（今の京丹後市峰山町）に比治の里があり、比治山の頂に真奈井があった。この井に天女八人が降りて水浴びをしていたところ、和奈佐《わなさ》の老夫婦が一人の天女の羽衣を隠した。

天に帰れなくなった天女に、和奈佐老夫婦は自分たちの子供になるように言った。

天女はやむなく子供になって、十数年暮らした。

天女は酒造りが上手で、その酒が万病に効くというので、和奈佐の家は豊かになった。

すると、老夫婦は天女が邪魔になり追い出してしまった。

突然の心変わりに天女は驚き悲しむが、地上に長くいたので天に戻ることもできない。どうしたらよいか、と悩み悲しんだ。荒塩村（一説に峰山町荒山）に行き、老夫婦の心境を思うと荒海に騒ぐ潮のように胸が静まりませんと言い、哭木村《なきき》（峰山町内記《ないき》）に到り、槻《つき》の木によりかかってさめざめと泣いた。そして船木の里の奈具村（弥栄町船木）に到り、「我が心奈具しくなりぬ（やっと心がおだやかになれた）と言い、この地に留まり住んだ。この天女が奈具社（なぐのやしろ）の祭神である豊宇賀能売命《とようかのめのみこと》である。

こうした丹後の天女伝説は、一般的なそれと比較すると、
一、天女は羽衣を隠した和奈佐老夫婦の子となる（親子関係になる）。
二、天女は和奈佐老夫婦にやがて追放される。
三、地名起源説話になっている。
四、天女が豊宇賀能売命として奈具社に祀られる。
以上のような特色がある。

なぜ、天女は夫婦とされず、親子になっているのだろうか。なぜ、途中で追放されたのだろうか。天女が丹後に舞い降りた時には、和奈佐に象徴される海人族の国があり、そこに天女は酒造りなど技術を伝え、さらにこの国を富ませることになったのだろう。悲しくさすらった天女であったが、奈具の村で温かく迎えられ、亡くなったあとは神として祀られたというところに、丹後人の温かい素朴な人情を見る。

②天女の家安達家に伝わる天女伝説

京丹後市峰山町大路《おおろ》にある安達家は、「天女の家」とも言われ、和奈佐の子孫と称し、代々三右衛門《さんねもん》と名乗る家である。

そこでは独自の天女伝説にちなんだ七夕祭も行われ、昔の賑わいはなくしたものの、今もその伝統が守られている。

天女の家、安達家に伝わる天女伝説

昔むかし、磯砂山《いさなごやま》で狩猟をしていた猟師の三右衛門は女池《めいけ》で水浴《あ》みをしている八人の天女を見つけた。そしてその近くの木の枝に、見たこともない美しい着物がかけてあった。三右衛門は着物のあまりの美しさについ一人の羽衣を盗んで持ち帰ってしまった。

羽衣をなくした天女は飛び立つことができず、三右衛門が持ち帰ったことを知って、しかたなく彼の家にやって来て、「家に置いてくれ」と頼んだ。三右衛門は一人暮らしであったから、彼女を家に置くことにし、嫁になってもらった。天女は家の中を調べてみたが、羽衣は見当らない。そのうちに子供ができて、その子は三人にもなった。

天女は、農耕や養蚕や機織を広めたので、みるみる家は豊かになった。

ある日のこと、天女は子供たちに「お父さんは毎日どこを拝んでいるの」と尋ねると、「大黒柱を拝んでいる」と答えた。

天女は、大黒柱をよく調べてみると、穴があいている所があり、柱の下の所に埋め木がしてあった。不審に思い、それを外してみると、中には羽衣が入れられていた。天女は、その羽衣を着ると天に帰っていってしまった。三右衛門は、それを見て追いかけ、かんぴょうのつるに伝って天女に会いにいこうとした。すると、天女は七日七日に会いましょう、と答えたのだが、天邪鬼が七月七日に会いましょうと言い換えたので、年に一度七月七日にしか会うことができなくなった。


天女の三人の子のうち、長女は乙女神社に、次女は多久神社に、三女は弥栄町の奈具神社に祀られている。

天女が水浴みをしたといわれる女池は、安達家から約三時間ほどの距離にあり、今は畳八畳分ほどの池になっていて、まわりが湿地帯になっているという。またこの女池には雨乞いの伝説があり、この池の水を長いものでかきまぜると雨が降るといわれ、福井県や石川県のような遠隔地からも雨乞いに来たという。

安達家では、かんぴょうなどつるものは作ってはいけないことになっている。安達家で作る巻寿司にはかんぴょうが入っていないということだ。

③『丹後国一宮深秘』の天女伝説と酒造りの始まり

籠神社に伝わる『丹後国一宮深秘』（南北朝時代）には、なぜ丹後が元伊勢伝承の地であるかが書かれている。伊勢においては、天照大神・豊受を両大神宮と言うが、伊勢国にご鎮座する前は丹後国一社に雙住《そうじゅう》していたということが書かれており、伊勢の根本が丹後一宮與佐社であることが書かれているたいへん貴重な書である。

ここに、天女の伝説も書かれている。舞台は、丹後国の与謝郡（今の宮津市）。古くは粉河《こかわ》と呼ばれた今の真名井川で、八人の天女が酒造りをしていると、塩土翁《しおつちのおきな》がその天女の羽衣を隠してしまう。天に帰れなくなった天女は、その翁と夫婦となり、ここで酒造りをした。これが、日本酒の始まりであると書かれている。

「神代に一の翁あり。塩土翁と號す。八人の天女降りて清流を浴す。清流は粉河《こかは》なり。粉河と稱《しょう》する故は、天女此にて酒を作る。其の水の色、粉流るるに似たり。故に粉河と云ふ。彼の天女に翁欲を起こす。天の羽衣を取蔵《かく》する間、しばらく天に帰ることを得ず。然る間夫婦と成り、此処にて酒を作りて渡世す。伊勢の酒殿明神は、丹後国より勧請す。和朝の酒の根本是なり。

彼の天女の在す所口傳《くでん》在り。爰《ここ》に虚空に常に光を放ち飛行し給ふ事、鳥の籠より光を放つが如し。此の天女勧請し奉り、再拝に應《こた》ふ。耐へて降臨有りて、斎ひ奉る。

此は天神七代第一の國常立尊にて御坐すなり。仍《よ》って與佐郡に宮造りして與佐宮《よさのみや》と云ふ。籠より光を放ち給ふが故に籠宮と號す。天女天に昇らん事を悲泣して、一首の詠を成す。之に依りて明神光を放ち、此の地に降り給ふ。天より種々の供物を雨らす。

天人下りて種々の寶花を捧ぐ。紫雲中より天の寶蓋を其の上に覆ふ。故に天蓋谷《てんがいたに》と號す。今の大谷寺北山に一處に在り。

人王十代の御門崇神天王の御宇に、天照大神與佐宮に幸《いでま》す。天照大神・國常立尊、籠宮大明神を禮して詞に云ふ、一心我頂禮、久住舍尊、本来我一心、衆生共加護と。國常立尊、天照大神を禮し給ふ詞に云う、天宮請願、久遠正覺、法性如如、同在一所。其の時、此の神を豊受大神宮と號す。豊者は國常立尊、受者は天照大神なり。両宮の御名なり。

然りと雖も伊勢に於いては、天照大神・豊受を両大神宮と云ふ。伊勢國御鎮座以前は、丹後國一社に雙住し給へり。神秘口傳在り。されば、伊勢の根本は丹後一宮與佐社なり。(以下省略)」

この書は、「文明五年癸巳八月時正　本願法印智海　(花押)」とあり、文明五年(一四七三)に智海が書写したことがわかる。

こうした伝承や伝説は、なぜ、生まれたのであろうか。伝説とは、文字で残すことを許されなかった、またはできなかったものが口述で伝承したものが、後の世に筆力のあるものによって書きとめられ、伝説という形で語りつがれ、今に残されたのではないだろうか。

（4）神仙思想ただよう丹後

ほかにも種々の伝説があるが、丹後半島には「不老長寿」の言い伝えが少なくない。そのひとつが、舟屋で有名な伊根町にある徐福伝説である。

徐福といえば秦の始皇帝に命じられ、不老不死の薬草を探しに船出してきたもので、童男童女を三千人も引き連れてきたというから当時としてはたいへんな民族の大移動である。言ってみれば、それほど不老長寿の薬を求める任務が重大だったのだろう。また、それは、海の彼方からの来訪者であり、海人族の伝承とも考えられる。

伊根町の新井崎《にいざき》が、「徐福上陸の地」といわれる。このあたりでは、黒節のよもぎや菖蒲といった薬草が自生していた。これが、徐福の探し当てた不老不死の妙薬といわれている。進んだ技術や文化を持っていた徐福は村人に慕われ、そのまま村に留まり、ここで没したという。そして徐福は新井崎神社に祀られることになった。

徐福が不老不死の薬草を求めたように、丹後一帯に残る伝説や伝承には、日常を超える時間が登場する。

例えば、伊根町や京丹後市網野町に残る浦島伝説では、竜宮城の暮らしは、三年と思っていたら三百年たっていたという。京丹後市の木津の浜から船出したタジマノモリの求めたトキジクノカグノコノミといわれる橘もまた不老不死の仙薬であった。また、京丹後市丹後町乗原《のんばら》にある大久保家の娘は人魚の肉を食べて八百年生きたといわれる八百比丘尼《やおびくに》の伝承が残る。さらに宮津市の栗田半島の塔が鼻には、八百比丘尼の庵の跡があったといわれ、岩船神社（京丹後市久美浜町）の松は八百比丘尼が植えたものだとか、さまざまな言い伝えが残っている。

このように不老不死、神仙思想が濃厚に残されている丹後半島である。

日本海沿岸が大陸からの渡来の人や文化を受け入れた表玄関であり、大陸との交流の時代も少なくなかったことを、この徐福初めいくつかの伝説は伝えてくれる。

（5）海を渡った多婆那《たばな》国生まれの脱解王とは丹後の人か

人の移動は大陸から日本へというだけでなく、逆に日本から大陸に渡ったという話もある。『三国史記』によると、倭国から渡り、新羅の国王になったという人物がいたことがわかる。『三国史記』は、一一四三年〜一一四五年に完成した朝鮮半島に現存する最古の歴史書で、高麗十七代仁宗の命を受けた金富軾らが作成したものである。

『三国史記』の伝えによると、新羅の国の第四代の王は、脱解尼師今《だっかいにしきん》（在位五七〜八十年）である。脱解が王位についたのは、六二歳の時であるという。脱解の姓は、昔《せき》氏で、王妃は、阿孝婦人である。


脱解は、昔、多婆那国で生まれた。その国は、倭国の東北一千里の所にある。昔、その国の王が女国の王女を娶って、妻とした。妊娠して七年たって、大卵を生んだ。王は、「人でありながら、卵を生むというのは、不祥なことです。その卵を捨ててしまいなさい」と言った。しかし、王妃は、捨てるに忍びず、絹の布で卵を包んで、宝物とともに箱の中に入れ、海に浮かべ、流した。


最初に金官国の海岸に流れ着いたが、誰もとりあげようとしなかった。

次に、辰韓の阿珍浦《あちんほ》（今の慶北月城郡陽南面下西里）の海岸に流れ着いた。ちょうどその時が、始祖赫居世《かくきょせい》の在位三九年（前一九年）であった。この時、海辺にいた老婆が箱を引き寄せ、その箱を開けてみると、一人の少年がいた。その老婆が引き取り育てた。壮年になるにしたがい、身長九尺にもなり、その風格は神のように、秀でて、明朗で、その知識は人々にぬきんでていた。

ある人が、箱が流れ来た時、一羽の鵲《かささぎ》が飛んできて、鳴きながらこの箱にしたがっていた。そこで、「鵲の字を省略して、昔の字を以て、氏の名とするがよかろう。また、入っていた箱を開いて子供を出したのであるから、脱解と名付けるのがよかろう」といった。

脱解は、魚つりをして、その母を養っていたが、少しも怠ける様子がなかった。そこで母は、次のようにいった。「お前は、常人ではありません。その骨相が特に、異なっている。どうか、学問をして、功名をたててください」と。そこで、脱解は、学問に専念し、地理にも精通した。

ある時、彼は、瓠公の宅を吉兆と見てそこに住んだ。

南解王五年（八年）になって、王は、彼が賢者であることを聞き、王女を彼の妻とした。同七年（十年）になって、彼を登用して、大輔の官職につけ、政治を一任した。

儒理王が臨終の時、次のように遺言して後事を託した。

「自分の死後は、自分の子供と娘婿とのわけへだてなく、年長で、かつ賢者であるものが、王位につくようにしなさい、と先王がいわれた。この遺言によって、私が先に王位についたが、今度は、その位を脱解に伝えるのがよろしかろう」と。

こうした話が書かれている。

また、二年（五八年）二月、王自ら、始祖廟を祀った。三年（五九年）夏五月、倭国と国交を結び、互いに使者を交換した、とも書かれている。

さらに『三国遺事』にも脱解王の話がある。『三国遺事』は、十三世紀末に高麗の高僧一然によって書かれた私撰の史書である。

ここでは、「私は、もと竜城国（竜城は、倭の東北、一千里の所にある）のもので、私の国には、二十八の竜王がいます。みんな胎内から生まれたものです。」といっている。

また、ここでも、瓠公《ここう》の家が永住するにふさわしい家だからということで、智略を用い、自分のものにするのであるが、その時に「私どもは、もと鍛冶屋であった」といっている。

さて、瓠公というのも、もとは、倭人であり、瓠《ひさご》を腰に下げて海を渡ったことから、その名がついたという。新羅の建国時（紀元前後）に、諸王に仕えた重臣である。

こうした伝えからわかることは、紀元前後には、倭国から朝鮮半島に渡ったものがいたということ、その中には、脱解王という、新羅国の王になったものがいるということである。

脱解が生まれた多婆那国とは、古代の丹波国、丹後であろうと考える。

一方、新羅の国の王子がアメノヒボコであり、その渡来伝承が、『古事記』『日本書紀』に書かれている。

こうしたことを考えると、古代は、日本海を渡り、中国大陸や朝鮮半島から日本列島に、また日本列島から中国大陸や朝鮮半島にと国際的な交流が密であったと考えられる。交流の主役は、古代に勢力を持っていた海人《あま》族であり、それについては、後述する。

古代より、倭国は、海外からの渡来者を受け入れ、婚姻関係も結び、勢力を強大強化していったことは想像に難くない。

国際交流の輪がどの程度まで広がっていたか、それは、遺跡の遺物を見ていかねばならないが、それは、単に、朝鮮半島、中国大陸という近隣諸国に限らず、シルクロード、エジプト、地中海、東南アジア方面と広い移動があったことも視野に入れる必要があるだろう。

二、丹後とはどこか？

（1）丹波の初見と丹後誕生

丹後とは、京都府北部で日本海に北東に突き出た半島を丹後半島と呼ぶことで知られている。その半島と半島周辺を丹後と言い、その海岸などの一部は、丹後天橋立大江山国定公園に含まれている。行政区としては、宮津市、舞鶴市、そして中郡峰山町、大宮町、竹野郡網野町、丹後町、弥栄町、熊野郡久美浜町の六町が二〇〇四年に合併した京丹後市と、加悦町、岩滝町、野田川町が二〇〇六年に合併してできた与謝野町、そして伊根町などがある。

歴史的には、かつての律令制に基づいて設置された国のひとつ「丹後国《たんごのくに》」であり、それは『日本書紀』に北陸、東海、西道と共に重要視された「丹波国」の中心地であった。

丹後という名称は、和銅六年（七一三年）四月三日、丹波国が割かれ、丹後国が置かれたことによる。

そのため、古代は、丹波国といわれた。初めて「丹波」がでてくるのは、『古事記』開化天皇の条の「旦波之大縣主由碁理《たにはのおおあがたぬしゆごり》」とある所である。大縣主とは、大化以前の県の支配者を表す名称である。由碁理が活躍していた頃は、さらに古代であるため、そのころ大縣主という名称があったわけではないが、それに匹敵する大きな力を持っていた人物であることを表している。すなわち、古代丹波は、大縣主といわれるほどの有力者がいて、その娘竹野姫は開化天皇の妃になり、また、丹波道主命の娘たちが垂仁天皇の皇后や妃になるなど、古代より天皇家と深い関係があった地域である。

「丹」という字は、赤色、朱色を表し、硫化水銀からなる赤色の鉱物、辰砂も表す。また、「仙丹」というと、霊力のある薬をいい、道教でいう不老長寿を得るための薬を表す。丹という字のつく国は神仙郷も表しているようにも思える。また、「丹波国」は「旦波国」とも書かれたように、「旦」は、まさしく、地平線上に太陽が現れた状態で、夜明けや朝を表している。まさに日出る所、旦波の国、丹波国、丹後なのであろう。

（2）丹後王国、大丹波王国と勢力の及んだ範囲

古代の丹波国とは、今の丹後、丹波、但馬を含む大国である。その中心勢力があったのが丹後であるため丹後王国という。また、古代丹波は大国で周辺諸国に勢力を及ぼしているので、それを表すため「大丹波王国（＝丹後王国）」という表現をしている。

さらに国宝『海部氏系図』に「若狭木津高向宮」とあり、ここに海部の宮があったことがわかる。若狭の国の海人は、まず、丹後のほうに向かって拝礼をしてから海に入ったというように、「若狭」も海部氏の故地である。また、建振熊宿祢が率いたのも、「丹波・但馬・若狭の海人」であることからも、「若狭」が勢力範囲といえる。

国宝『海部氏勘注系図』には、三世孫（四代目）である倭宿祢命は、「大和国に遷座の時」とあり、六世孫（七代目）の建田勢命は、「丹波国丹波郷で宰となり、山背国久世郡水主村に移ったこと」「山背直の祖」であること、「その後、また、大和国に遷った」ことが書かれており、「大和」や「山背」も海人族の勢力が入っていたことがわかる。また、一四世孫（一五代目）の川上眞稚命の亦の名を「大難波宿祢」という。系図の中には、難波根子建振宿祢という名もあり、「難波」にも関係がある。

ほかに、『摂津国風土記』に豊宇可乃売の神が稲椋山にいてここを台所としていたが、ことの故ありて、ついに丹波の比遅の麻奈ヰ《まない》に還ったという話がある。『丹後国風土記』にある豊宇賀能賣命となった天女のさすらいと同じく、「摂津」においてまで、なんらかの事情があったことを匂わせる逸話が残されている。摂津国もかつては大丹波であったことを示している逸話である。

近江国には、御蔭の神を祀る三上神社があるが、『古事記』によれば、近江の天之御影神の娘息長水依比賣が日子坐王と結婚して、生まれたのが丹波比古多多須美知能宇斯王（丹波道主王）となっており、「近江」との関係は深いものがある。

古代の丹波国とは、丹後・丹波・但馬をいい、ここにあった王国を大丹波王国（＝丹後王国）といっているが、この王国は、若狭、さらに、山背、大和・近江、難波・摂津・播磨投等々広い勢力範囲が予想される。

また、海部氏の系譜上に「安波夜別命」という人物がいて、「あわやわけのみこと」と読んでいるが、「安波」とは、「阿波」ではないか。そして、「阿波国」とは、今の徳島県である。海部氏が遠い先祖において、徳島県ともつながりがあったことがわかる。ここにも古代の海部郷がある。

『先代旧事本紀』という文書には、彦坐王の子、彦多都彦命（これは、丹波比古多多須美知能宇斯王と筆者は考える）が稲葉国造に定められた記録があることから「因幡」とのつながりも考えられる。そして、神話の故郷ともいわれる古代史の雄である「出雲」。ここには、楯縫郡という所がある。気になるのは、第一六世孫（一七代目）の大倉岐命のまたの名を大楯縫命という。

このように、名前や地名、また伝承などから、出雲とのつながりが考えられる。

古代海人族の勢力はどこまで広がっていたか。古代に大和朝廷が成立するまでの過程を語る時、この海人族の動きを抜きには語れないことを記しておきたい。

大丹波王国の勢力範囲

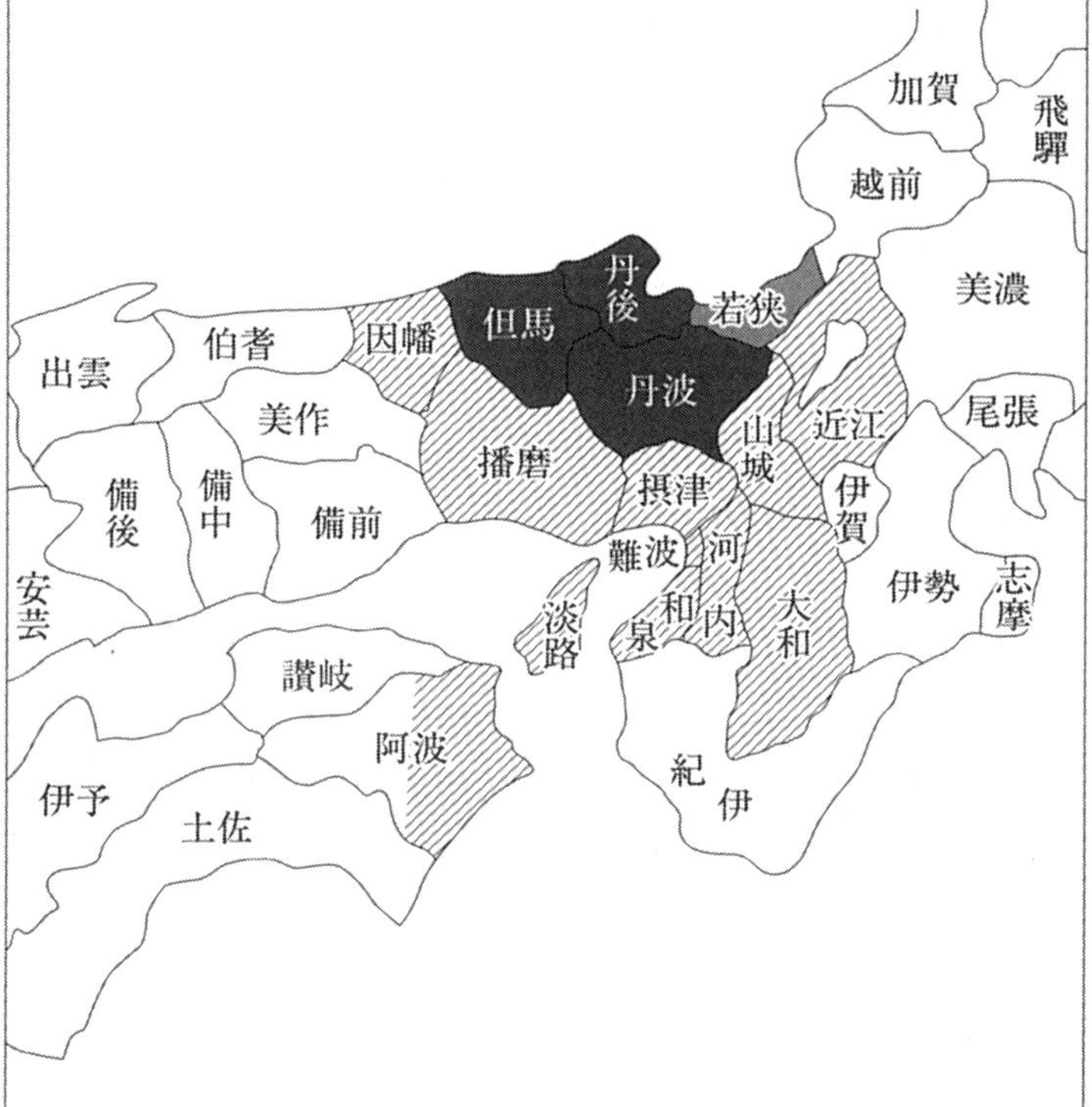

分国以前の丹波国（丹後・丹波・但馬）
・684 年丹波から但馬が分かれる（『丹波史年表』より）
・713 年丹波から丹後が分かれる（『続日本紀』から）

古代大丹波王国の勢力範囲

さらに、勢力波及を予想される範囲

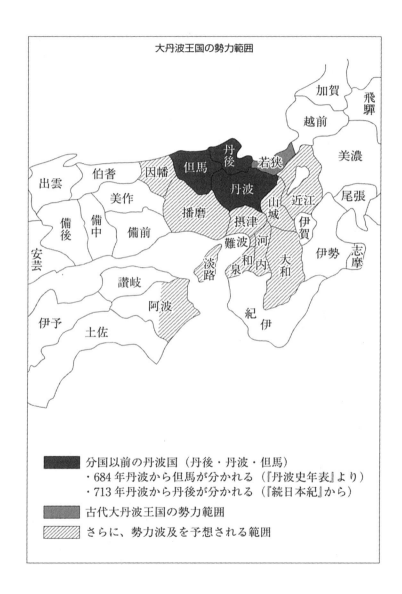

三、伝承から二一世紀へ続く丹後の宝

民話や伝説、あるいは伝承の中に登場するさまざまな人や物やものごとがあたかも実在したかのようなイメージを与える物や、実際に実在した物が時代を超えて継承されている物もある。

例えば、伊根町の宇良神社に伝わる乙姫様の玉手箱や小袖、網野の浦島伝説に登場するしわ榎、また、徐福が求めた不老長寿の仙薬とされる黒茎蓬や菖蒲などは自然の賜物で今日も採集できる。

しかし、古代の伝承が二千年を経て、なお脈々と氏族の中に秘伝として口承され受け継がれてきている確固たる場所がある。

伊勢へ詣（まい）らば　元伊勢（もといせ）詣れ
元伊勢　お伊勢の故郷（ふるさと）じゃ

伊勢の神風（かみかぜ）　海山越えて
天の橋立　吹き渡る

こうして歌い継がれてきた伊勢神宮の故郷が元伊勢籠《この》神社である。京都府宮津市大垣にある。

（1）お伊勢さんの故郷～元伊勢伝承

丹後の一宮籠神社は、『丹後国一宮深秘』に「伊勢の根本は丹後一宮與佐社なり」とあり、「本伊勢」であると書かれている。日本の大元を探る鍵を握っているのが籠神社である。

伊勢神宮の内宮には、天照大神、外宮《げくう》には豊受大神が祀られている。これはもともと丹後で祀られていた祖神、豊受大神が、雄略二二年（四七八年）に伊勢に遷座《せんざ》されたことによる。

豊受大神が丹後の祖神として崇められるのは、当国は、天火明神の降臨地であること、また、豊受大神が伊去奈子嶽に天降られた時に、五穀の種を与え、真奈井を掘り、田畑を作り、その種を植えられたところ見事な稲穂が育ったため、「田庭」といわれたという、「丹波」の地名起源にも登場する神だからである。

豊受大神が伊勢に遷座されたのは、大和政権が国づくりをするためには、古代の丹後王国が信仰した優れた神、祖神豊受大神がどうしても必要だったという深い理由があるのであろう。

また天照大神は、各地を巡幸した伝えがあるが、第一番に行かれたのが、「旦波《たには》の吉佐宮《よさのみや》」である。ここに四年留まったことが伝えられている。

伊勢神宮の発行する『神宮』には、外宮について、「祭神は豊受大神。天照大神の食事を司る御饌都神として、丹波の国（京都府の天橋立あたり）から迎えられました。」と書かれている。

このように、現在、伊勢で祀られている豊受大神が、もともとは丹後の神であることを伝えているのが、元伊勢伝承である。


『明治神社明細帳』によれば、豊受大神は丹後の各地で祀られている。それによると、祭神を「豊受大神」とするものが、加佐郡で一一社、与謝郡で一〇社、竹野郡で四四社、中郡で一六社、熊野郡で七社、合計八八社ある。

中でも、一、与謝郡の宮津市の籠神社と奥宮である眞名井神社、二、中郡の藤社《ふじこそ》神社、比沼麻奈井神社、三、竹野郡の奈具神社、四、加佐郡の豊受大神社、舞鶴市の笶原神社、などがあげられる。

奈具神社は、『丹後国風土記』逸文に「奈具社」とあり、天女は酒造りを伝え、最後は「トヨウカノメの神」として祀られるとある。

また、豊受大神が降臨した磯砂山の麓にある鱒留村（安達家）に、天女伝説が伝えられ、藤社神社がある。また、比沼麻奈為神社がある。

元伊勢であることの重要なキーワードとして、「吉佐宮」があげられる。『倭姫命世記』には、倭姫命が伊勢にいたるまでの巡行の地に、「旦波国　吉佐宮」とあり、その名から「吉佐宮」は、与謝郡の中に求めることができる。

丹後の一宮籠神社の『丹後国一宮深秘』（南北朝時代）には、「伊勢の根本は丹後一宮與佐社なり」とあり、「本伊勢」である。また丹後一宮とは、籠神社（奥宮眞名井神社）であり、これが吉佐宮と書かれている。一般的には、伊勢の「元」として、「元伊勢」と表現しているが、「伊勢の根本は丹後一宮與佐社なり」の記述からは、「本伊勢」というのがふさわしい。

丹後一宮籠神社

（2）吉佐宮　眞名井神社と豊受大神

元伊勢伝承の裏付けとなる文献には、『止由氣宮儀式帳』（延暦二三年〈八〇四〉）があり、「丹波國比治乃眞奈井」と書かれている。また、『太神宮諸雑事記《だいじんぐうしょぞうじき》』（平安末期の撰）には、「丹後国與謝郡眞井原」とある。また、『豊受皇太神御鎮座本紀』には、「丹波國与佐之小見比沼之魚井之原」また、「丹波國吉佐宮」とある。

さらに、『倭姫命世記』には、「丹波國与佐之小見比沼之魚井之原《たにはのくによさのをみひぬのまないのはら》」とある。

『倭姫命世記《やまとひめのみことせいき》』には、

崇神天皇三九年三月三日に天照大神を倭国《やまと》の笠縫邑より丹波の吉佐《よさ》宮に遷宮する。そして、四年間ここでお祀りしたが、この時、豊受介神《とようけのかみ》が天降り御饗《みあへ》を奉った。

とある。また、

雄略天皇の時代に、丹波国与佐之小見比沼の魚井之原にいます道主王（丹波道主王）の子、八乎止女《やをとめ》が斎《いつ》き奉る豊受大神を、我がいる所に呼びよせて欲しいと言い、翌雄略二二年（四七八年）

戊午秋七月七日に丹波國余佐郡眞井原より伊勢に遷した。

と書かれている。

このことから、豊受大神は、もとは丹波國与謝郡（丹後）にいて、その後、伊勢へ遷ったことがわかる。また、天照大神も、崇神天皇三九年に丹波の吉佐宮で四年間一緒に並び祀られており、その後、伊勢に辿り着くまで二十数箇所巡られるのだが、これにより、天照大神も豊受大神も元は丹波の吉佐宮に祀られていたことになる。丹後が、伊勢の内宮にとっても、外宮にとっても元伊勢といわれる由縁である。

そこで、なぜ、崇神天皇三九年に、倭国《やまと》の笠縫邑から天照大神をわざわざ遠く離れた丹波の吉佐宮に遷宮し、四年間お祀した際に、豊受介神《とようけのかみ》が天降り御饗《みあへ》を奉ったのであろうかという素朴な疑問がわいてくる。しかも、伊勢では外宮先祭の風習がある。

いったい豊受大神とはいかなる神におはすのか。なぜそれほど尊ばれるのであろうか。

そこで考えるべきことは、天照大神とは何か、豊受大神のご神格とは何か、ということである。天照大神は皇祖神であるが、豊受大神は、天照大神が生まれるよりも、もっと以前の神であり、もっと根源の神である、ということである。豊受大神は、『古事記』を見ると、登由宇気神としてでてくるが、「これは、外宮の度相《わたらい》に坐《いま》す神なり」とあるだけである。しかし、それがどういう神か記されていない。日本の正史として、大和朝廷の作った書であり、すべての氏族の伝承が残されているわけではない。

『元伊勢の秘宝と国宝海部氏系図』には、元伊勢籠神社御由緒略記として、奥宮、眞名井神社にある磐座《いわくら》の主座は豊受大神で、またの名を天御中主神《あめのみなかぬしのかみ》、国常立尊《くにとこたちのみこと》であり、宇宙根源の大元霊神で、五穀農耕の祖神であり、また、水の徳が顕著で生命を守られるとある。また、同じく磐座西座には、天照大神、伊邪那岐《いざなぎ》大神、伊邪那美《いざなみ》大神とある。

天御中主神とは、『古事記』においては、天地開闢の際に最初に出現した神であり、国常立尊とは『日本書紀』では最初に現れた神である。

だからこそ、わざわざ天照大神が、大和から遠い丹後の国に一番先に巡ってこられたのであろう。また、丹後の祖神豊受大神が伊勢に遷宮されたのも、そして、豊受大神が祀られる外宮が先祭されるのも疑問が解けてくる。

古代の人々は、神がいます場所として、自然界の聖なる岩や木を崇拝した。その磐座には神が宿った。古代の人々の心を支えた神は、彼らにとって最高の神であった。人々の心を治めなければ国を統治することはできない。『海部氏勘注系図』には、豊受大神を祀って国が成ると書かれているように、その神こそ豊受大神なのであろう。

「天照大神」というアマテラスの原型は、「アマテル神」という男性神ともいわれる。しかし、女性神アマテラスとなり、皇祖神とされた。

そうすると、女性神アマテラスは、根源の神である豊受大神に食事の準備をしていただいたということになる。それこそがまず一番に丹後の吉佐宮にきた理由であろう。豊受大神という根源の神からもてなしを受けることができたアマテラスということになる。

内宮と外宮の元宮こそ丹波の吉佐宮であり、神代以来、豊受大神が鎮座されている。

それが、籠神社の前身である奥宮、眞名井神社である。古代に吉佐宮、また、与謝宮、久志濱宮といわれ、外宮元宮とも称される。磐座の主座には、豊受大神が祀られている。亦の名を天御中主神として、宇宙根源の神、五穀農耕の祖神であるという。また、磐座の西座を、日之小宮と称し、天照大神、伊射奈岐大神、伊射奈美大神が祀られている。

重要なことは、『海部氏勘注系図』の冒頭部分に、「天

眞名井神社

照皇大神宮」とあり、そこに、「天照大神荒魂瀬織津姫命」とある。アマテラスの荒魂として名を留める瀬織津姫命とは、『古事記』『日本書紀』には登場しない神である。このように、たいへん重要な神が正史からは消されているが、各地の神社伝承の中には脈々と息づいている。

(3) 古代から継承される籠神社

籠神社は、日本三景のひとつとして有名な、京都府丹後半島の天橋立近くに在り、主祭神を彦火明命、相殿に豊受大神、天照大神、海神、天水分神を祀っている。丹後一の宮、また元伊勢大神宮ともいわれる。そして、奥宮に眞名井神社がある。

神社の本殿の御扉というものは、ふつうは、前面のみあるというのが一般的だという。しかし、籠神社の本殿には、背面にも御扉を有している。例祭の折には、この背面の御扉を開けて、ここから最高神を迎え入れて、祭りを行っていたという古来からの歴史がある。

どのような神社であるか、その社格を表すのに、延喜式内社というものがある。延喜式内社とは、延喜五年(九〇五)、醍醐天皇の命により編纂が始まり、延長五年(九二七年)にまとめられたものである。『延喜式』の巻九と巻十に掲載された神社で、当時の国家が祭祀した神社、すなわち官社である。延喜式内社には、神祇官(中央)の管轄である「官幣社」と地方官(国司)の管轄である国幣社とがある。さらに、大社と小社に分類される。

籠神社は、延喜式内社であり、山陰道八ヶ国の中で随一の社格を誇る式内社で、官幣大社であり、名神大社である。

山陰道八ヶ国とは、丹後、丹波、但馬、因幡《いなば》、伯耆《ほうき》、出雲《いずも》、石見《いわみ》、隠岐《おき》の八ヶ国をいう。籠神社は、山陰道八ヶ国中に見える大社三七座の首座である。

官幣大社とは、官である朝廷、国から幣帛（お供え）など下賜される神社で、祭祀の格式が最上である社をいう。

また、名神とは、古来より神々の中で特に霊験が著しいとされる神をいう。名神大社とは、律令制化において、名神祭の対象となる神々を祀る神社である。名神祭とは、国家に大事のある時、諸国の名神に臨時の奉幣使を使わして祈願することをいい、籠神社は、全国のそうした二〇三社のうちのひとつである。

さらに、籠神社は、丹後一の宮といわれる。全国各地に「一の宮」といわれる神社があるが、諸国において信仰が厚く、由緒の深い神社であるというもので、その地域の中で最も高い社格であるということを表した名称である。

明治四年、全国の神社が国家の管轄下に入ることになり国幣中社に列せられたが、昭和一五年、延喜式内社格が官幣大社である籠神社が国幣中社であるのは由緒にふさわしくないことから、社格昇格の誓願が京都府と与謝郡の首長の署名で提出されている。それにより、昭和二十年三月二五日に帝国議会誓願委員会で籠神社の官幣大社昇格が承認され通過したものである。

籠神社は、陽成天皇の時、元慶元年（八八七）に「従四位上」とある。また、延長七年（九二九）に、小野道風が醍醐天皇の勅により書かれた「正一位籠之大明神」の額をもとに、貞元元年（九七六）に藤原佐理が、円融天皇の勅により、さらにその額を書したといわれており、これが重要文化財に指定されている。

（4）古代の謎を解く鍵〜国宝『海部氏系図』

この宮津市にある丹後一宮籠神社には、歴史を揺るがす秘宝がある。

竪《たて》系図として日本最古といわれ、昭和五一年に国宝に指定された海部氏の貴重な歴史を綴る系図である。

平安初期に書かれた『籠神社祝部氏系図』（『海部氏系図』と称しているもの）と、江戸後期に書写された『籠名神宮祝部丹波国造海部直等氏之本記』（『海部氏勘注系図』と称しているもの）

とからなる。ここには、いったい何が書かれているのだろうか。

丹後の古代を読み解くには、この『海部氏系図』を解明しなければならないが、これは、単なる一地方史に関するものではない。

この系図こそは、ヤマト政権の前史及び本史の謎を解明するものであり、日本の歴史の謎に答えるものといっても過言ではないであろう。

『海部氏系図』はあらゆる点から見て資料の価値が高い。特に次の四点は注目される。

まず第一に、国宝『海部氏系図』は、巻子装で、紙は楮《こうぞ》紙五紙を継いで竪に使い、中央に淡墨の罫一線に歴代の人名が記載されているが、重要なことは、各人名の上方部には、「丹後／国印」の朱色の四角い印がひとつずつ押されていることである。しかも、改竄《かいざん》を防ぐため数字や人名の上に押されるもので、その印の数は全部で二八と言われる。「丹後国印なる官印たる事実が確認された上は、右系図は作成の後に丹後国庁に提出され、公認の証として国印が押捺されたと解すべきであると思われる」（村田正志）と解説されているように、この系図は単なる私的な系図ではなく、公に認められたものであり、丹後国の歴史をひもとく上で重要な系図であることはいうまでもない。

第二に、作成された年代が特定できることである。巻頭に「籠名神社祝部氏系図」とあり、中央に「丹後国与謝郡従四位下籠名神従元于今所斎奉祝部奉仕海部直等之氏」と表記されており、

国宝

『海部氏系図』（本系図）

籠名神社祝部氏係圖（マヽ）

丹後國與謝郡従四位下籠名神、従元于今所齋奉祝部奉仕、海部直等之氏　始祖彦火明命

「始」

「養老三年己未三月廿二日　籠宮天下給、」（別筆）

正哉吾勝々也速日天押穂耳尊

第三御子

三世孫倭宿祢命

孫健振熊宿祢

此若狭木津高向宮爾海部直姓定賜弖、

楯桙賜國造仕奉支、品田天皇御宇

児海部直都比

児海部直縣

児海部直阿知

児海部直力

児海部直勲尼

児海部直伍佰道祝

従乙巳養老元年、合卅五年奉仕、

児海部直愛志祝

従養老三年至于天平勝寳元年、合卅一年奉仕、

児海部直千嶋祝
従養老五年至于養老十五年仕奉、

弟海部直千足

弟海部直千成

児海部直綿麿祝
従天平勝寶二年至于天平寶字八年、合□(十)四年奉仕、

児海部直望麿祝
従天平神護元年至于□(延)暦十年、合十五年奉仕、

児海部直雄豊祝
従延暦十一□□□(年至于)弘仁十年、合廿五年奉仕、

児海部直田継祝
従弘仁□□□(十一年)至于承和十四年、合廿八年□□(奉仕)、

児海部直田雄祝
従嘉□

○本系圖ニハ、人名上ヲ主ニシテ、丹後國印ノ四字アル朱印二十七・八顆ヲ踏セリ、

幅　二十五・二センチメートル
全長　二・二二二メートル

（籠神社所蔵）

ここから推定するに、籠名神が従四位下となった貞観十三年（八七一年）六月から従四位下に叙せられた元慶元年（八七七年）十二月の間に書かれたと思われる。また、始祖彦火明命から児海部直田雄祝に到るまでが書かれているが、この田雄の註記が「従嘉……」以下欠失していて判読できないが、この系図に附《つけたり》とされている『海部氏勘注系図』（以下『勘注系図』とする）を見ると、「従嘉祥元年至于貞観六年、合十六年奉仕」と註されており、貞観年中までの歴代当主の記録がなされていることが確認できる。

この『勘注系図』は、江戸時代初めに書写されたものであるが、内容は平安時代に遡るものであるということが、瀧川政次郎氏などによって指摘されている（『丹後国風土記逸文考』瀧川政次郎）。

第三に、この系図が直系のみを記した、父子相続の古態を表していることである。人名の上には「三世孫」「孫」「児」「弟」という続柄の表し方をしており、日本最古級の系図の表し方の原点をたどれる点において、まさに重要古文献と言えるものである。

第四に、大化改新以降の部分は、祝部としての執務についた年代が記録されており、律令時代の史実との一致も図ることができる。後述のように、これによって律令時代における丹後での海部氏の役割を確認できるのであり、連綿と綴られた律令以前の海部氏の系譜についても資料として信憑性が高いと考えられる。

丹後半島に現存する丹後国印が押された『海部氏系図』は、このように海部氏の歴史を物語るだけでなく、古代丹後（丹波）の実相から、さらには古代日本の歴史の謎にも迫るものである。

この貞観年中で、八七一年〜八七七年の間に書かれた『海部氏系図』は、ほぼ千二百年、秘して、守り抜いて来られたものである。

江戸時代、水戸光圀《みとみつくに》が、『大日本史』を編纂するにあたり、この系図を見たいと申し入れた。だが海部氏は「ご神体ですので」とお断りになられたという。それほどまでにして秘匿しなければならなかったこの系図に何が書かれているのか。

『海部氏勘注系図』は、江戸期の書写である。その内容は、『海部氏系図』の平安期の成立まで遡るものという認識がある。それでも、『古事記』『日本書紀』の成立より遅れると思われるであろう。

しかし、『勘注系図』には、次のように書かれている。「丹波國造本記、豐御食炊屋姫天皇御宇、國造海部直止羅宿禰等所撰也」と。

つまり、推古天皇の時代、七世紀の初めに、海部家の海部直止羅宿祢《とらのすくね》等が、『丹波国造本記』という一族の系譜をつくっていたことが記されているのだ。

これは、『古事記』『日本書紀』よりも先に、海部氏系譜にかかる情報があり、成立していた可能性を示唆している。

今や、揺るぎない日本の歴史書『古事記』『日本書紀』を前にして、それに抵触する系図は、こうして、千二百年近くも奥深い眠りについたのである。そして、末尾にはさらにこう記されている。

「本記一巻は、海神の胎内に鎮め、極秘に、永世相伝うべきなり」と。

また、「永世、相承り、他見許すべからず」と。

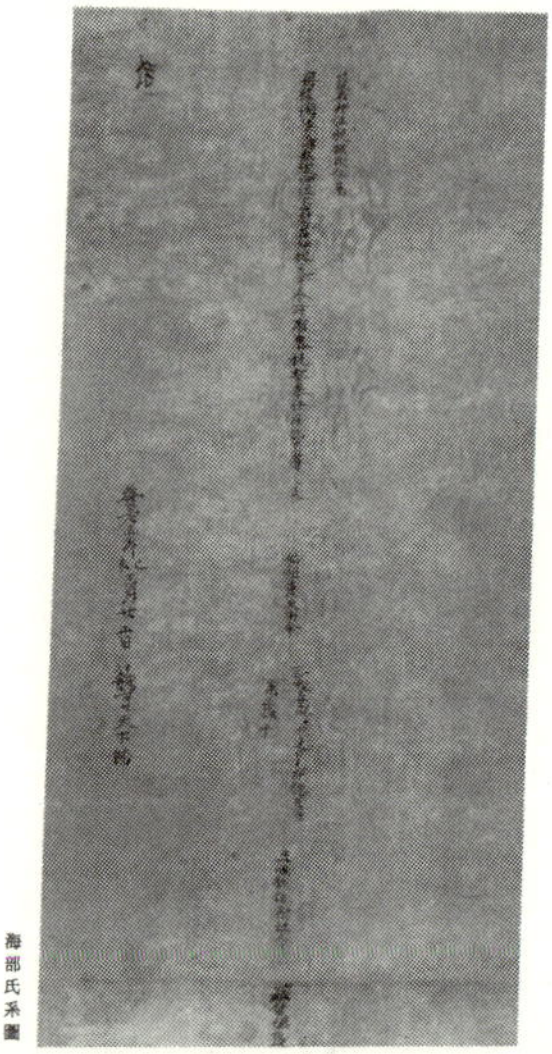

国宝『海部氏系図』（籠神社所蔵）
（「神道体系」より）

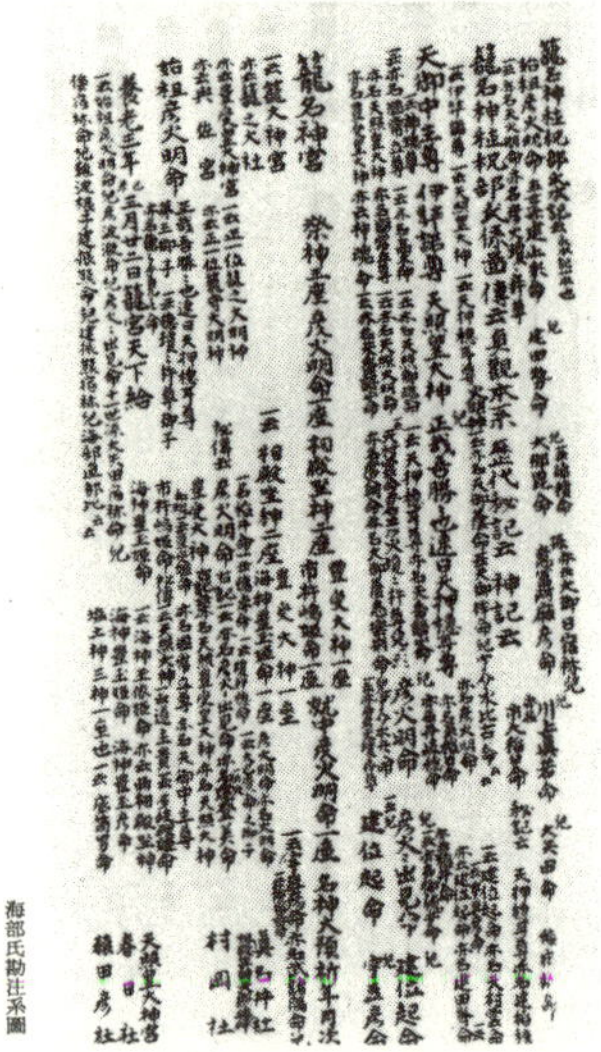

国宝『海部氏勘注系図』（籠神社所蔵）
（「神道体系」より）

（5）丹後にあった天孫降臨神話～『古事記』との関わり

こうした『海部氏系図』であるが、『古事記』の天孫降臨神話のところに、海部氏の祖神「天火明命」の名が登場する。しかも、天孫瓊瓊杵尊《ににぎのみこと》の兄神として記されている。

天孫降臨とは、一般には天孫である瓊瓊杵尊が九州に天降ったことをいう。その子孫が神武天皇である。このことは、『古事記』に次のように書いてある。

ここに、天照大御神・高木の神の命《みことのり》以ちて、太子《ひつぎのみこ》正勝吾勝勝速日天忍穂耳命に、詔《の》りたまはく、「今、葦原中國を平《ことむけ》け訖《お》へぬと白《まを》す。故《かれ》、言依《ことよ》さし賜へりし隨《まにま》に、降り坐《ま》して知ろしめせ」と詔《のりたまひ》き。

ここに、其の太子正勝吾勝勝速日天忍穂耳の命の、答白したまはく、「僕《あれ》は、將《まさ》に降《くだ》らんと裝束《よそひ》せし間に、子《みこ》、生《あ》れ出でぬ。名は天邇岐志國邇岐志天津日高日子番能邇邇藝《あめにきしくににきしあまつひこひこほのににぎ》の命、此の子《みこ》を降《くだ》すべし」と白しき。此の御子は高木の神の女《むすめ》、萬幡豐秋津師比賣命《よろずはたとよあきつしひめのみこと》に御合《みあい》して生みませる子、天火明命《あめのほあかりのみこと》、次に日子番能邇邇藝命《ひこほのににぎのみこと》二柱なり。

是《ここ》を以ちて白したまふ隨《まにま》に、日子番能邇邇藝命に科《おほ》せて、「此の豊葦原水穂《とよあしはらみずほ》の國は汝《みまし》が知らさん國なりと、言依《ことよ》さし賜う。故《かれ》、命の隨に天降《あまくだ》るべし」と詔き。

（現代語訳）

天照大神と、高木の神のお言葉により、太子オシホミミノミコトにおっしゃるには、「今葦原の中つ国は平定し終つたと申すのである。ゆえに、申しつけたように降つて行き、お治めなさい」とおっしゃいました。そこで太子オシホミミノミコトがおっしゃるには、「わたしは降りようとして支度をして準備ができたところで、子供が生まれました。名はアメニギシクニニギシアマツヒコヒコホノニニギノミコトといいます。この子を降すのがいいと思います」と申しました。この御子はオシホミミノミコトが高木の神のむすめのヨロヅハタトヨアキツシ姫と結婚されて生まれた子で、アメノホアカリノミコト・ヒコホノニニギノミコトです。そういうことで、ヒコホノニニギノミコトに、「この葦原の水穂の国はあなたの治めるべき国であると命令するのです。よって、命令の通りにお降りなさい」とおっしゃいました。

『古事記』によれば、ニニギノミコトはアマテラスの孫である。もともと子のオシホミミが天降る予定だったのだが、第一子アメノホアカリ、次のニニギが生まれたので、ニニギが筑紫の日向の高千穂のクジフルタケに天降った。

また、『日本書紀』によれば、アマツヒコホノニニギノミコトが日向の襲の高千穂峯に天降るとある。アマテラスが地上を統治するのに、オシホミミに命じたのにも関わらず、その孫にあたるニニギを天降りさせたということは、いったいどういう意味があるのだろうか。しかも、ニニギは生まれたての赤ちゃんでマドコオフスマにくるめて地上に降ろす、という行為は、何を表しているか。天孫とはアマテラスの孫で、一般にニニギだけのように思われているが、そうではなく、ホアカリというものがあった。にも関わらず、ニニギが選ばれた。それは、なぜか。

ニニギをマドコオフスマにくるめて地上に降ろすという行為、これこそは、ニニギの系統だけが、唯一正統な皇位継承者であるとしたものにほかならない。天孫降臨神話は、この重大なことを、神話という形であたりやわらかく、しかも動かしがたい状況として設定し作り上げた渾身の作なのだと考える。

それではもう一人の天孫ホアカリノミコトはといえば、国宝『海部氏系図』に書いてある。ホアカリノミコトは『日本書紀』でも一代あとの子として書かれるがニニギノミコトの兄と見られる。

このホアカリノミコトが丹後の冠島に降臨した伝承が残されている。そのホアカリノミコトを祖神として斎き祀

冠島（写真提供：坂根正喜氏）

るのが国宝『海部氏系図』を所蔵する丹後一宮籠神社である。

（6）丹波から出土した勾玉～『日本書紀』にある逸話

『日本書紀』にも、丹波に関わる伝承とそれを裏付ける出土品がある。

京丹後市峰山町の赤坂今井墳丘墓からは、勾玉《まがたま》や管玉《くだたま》でつくられた冠が出土して、あらためて、古代の日本海沿岸、特に丹後の重要性が再認識されたばかりであるが、勾玉といえば三種の神器のひとつである。天照大神が孫のニニギノミコトを天降りさせる時に、「八尺勾璁《やさかにのまがたま》」「鏡」「草那藝劍《くさなぎのつるぎ》」を持たせたとある。この勾玉が丹波からでてきた逸話が残されている。

「皇室の神器、神宝は日本海との関係が非常に深い」と森浩一氏も述べられていたが、この勾玉について『日本書紀』垂仁紀にはこのように実に不思議な話を伝えている。

「昔、丹波国の桑田村（今の京都府亀岡市東部）に人有り、名を甕襲《みかそ》といふ。即ち、甕襲が家に犬有り、名を足往《あゆき》といふ。この犬、山獣《しし》名は牟士那《むじな》といふを咋《く》ひて殺しぬ。即ち、獣の腹に八尺瓊勾玉有り。困りて以て献《たてまつ》れり。この玉は今、石上神宮に在り」

丹波の桑田村のみかそという人の持っている、おそらく足が速いだろう、あゆきという犬がいて、ムジナという獣を食い殺した。すると、その獣の腹から、三種の神器のひとつである大きな勾玉がでてきた、というのである。

これは、いったい、どういうことを物語っているのであろうか。

はっきりしていることは、発見された場所が丹波である、ということである。三種の神器のひとつ、ヤサカニノマガタマは、今の丹後、丹波を含む、古代丹波で発見されたものであるということ、この重要な宝が古代丹波のものであったということが、この地の重要さを語っているのである。

四、民話や伝説を裏付ける遺跡と出土品

丹後一帯には、民話や伝説がことのほか多い。浦島伝説や羽衣伝説が伝わるのは丹後一帯だけではない。しかし、同じ地域にいくつもの伝説があるのは特別な意味があるのだろう。その特別な意味を裏付けるように、民話や伝説にイメージされたり、デフォルメされたりした歴史的事象を、遺跡などの埋蔵物が裏付けてくれる。その相互の関係も丹後一帯のひとつの特徴と言え、特別な意味を教えてくれるようだ。

例えば、大陸から日本にやってきた伝説や歴史的事象は多いが、日本から大陸に出かけた伝説や大陸に出かけて帰ってこなかった伝説や歴史的事象は少ない。

その少ない例が、伝説で紹介した多婆那国《たばな》で生まれた脱解王だが、日本から大陸へという伝承にまつわる物証が韓国で出土したことである。それが、形象埴輪《けいしょうはにわ》である。

形象埴輪とは、古墳の表面や周囲に並べられる家形埴輪、人物埴輪、動物埴輪、器材埴輪など、

具象的な埴輪をいう。

古墳により多少の違いがあるが、墳頂の中央部に配置されるのが家形埴輪で、そのまわりを円筒埴輪や器材埴輪が取り囲み、造り出しや外堤には首長や巫女、琴を弾く人などの人物埴輪や、馬、水鳥など動物埴輪が置かれるという。

さて、この形象埴輪であるが、「韓国で形象埴輪」という大きな文字が、平成二六年一二月二六日の毎日新聞の夕刊に掲載された。

韓国の南西部、全羅南道の咸平にある五世紀後半〜六世紀前半に造られた古墳から、鶏などをかたどった形象埴輪の破片が出土したというのだ。

花園大の高橋克寿教授によれば、

①韓国では形象埴輪の出土が確認されたことはなく、初の出土確認だということ。

②埴輪は、日本から朝鮮半島に伝わったと考えられること。

③形象埴輪は、葬送時の儀礼など古墳を巡る祭礼、祭祀に関わる場面を表したと考えられており、日本で行われていた祭礼の形式や他界の観念が伝わっていた可能性があるということだ。

このように、神話や伝説が伝えてくれることを、この形象埴輪は裏付けてくれているが、伝説は単なる伝説ではなく、その中に歴史的事実が含まれているものと考えられる。

そしてその伝説と出土品からイメージを膨らませると、日本は、古代から日本海を渡り、行ったり来たりしていたのだが、大陸から先進文化が渡来していたというだけではなく、往来していたのであろうことがイメージできる。しかもその伝承からして、日本が外国との関わりの中から見ても重要な国、位置であることを表している。

また、丹波国の海部氏が海を渡ったと伝承されている。

さらに見逃してはいけないのは、脱解王の生まれは、倭国の中でも、「多婆那国」といわれ、倭の東北一千里の所からきたという。また、そこは、龍宮だったという。さらに、鍛冶に関連していたという。

では、「多婆那国」とは、どこであろう。

その「多婆那国」の存在を推測させ、そこがどこであるかの物証があるかどうか、古代史の謎解きをするために、まずは、目に見える物的証拠を精査することであろう。

（1）弥生の丹後にはガラスも鉄も絹もあった

丹後地域にある弥生時代の遺跡は、古代史に多くの示唆を与えてくれる。というのは、卑弥呼が生きた時代は弥生時代後期であるからだ。

京丹後市峰山町にある扇谷遺跡は、弥生前期末～中期初頭の遺跡で、最大幅六メートル、深さ四メートルというV字形に切り込んだ環濠を持つ高地性集落である。ここからは、鉄滓や陶塤《とうけん》という土笛が出土している。陶塤は、古代中国の楽器で、卵型をした土製の素焼きの笛である。北九州から山口県、島根県、そして丹後地域という日本海側から出土しており、弥生前期後半の遺跡から出土する特徴的なものである。

丹後初の王墓ともいわれるのが与謝野町にある日吉ヶ丘遺跡である。弥生中期、紀元前二世紀から紀元前後くらいに、丹後にすでに王がいたということがいえる。それが王墓といわれるのは、一辺が三二メートルある広い面積の遺跡の中で、埋葬されたのが一人であることからである。広さは、吉野ヶ里遺跡につぐ当時としては三番目の大きさで、中からは、碧玉製の管玉や緑色凝灰岩製の管玉などが、六百七十個以上、また、魔除けや、死者の再生を願う呪術のためにまかれたとされる大量な朱がまかれていた。

また、宮津市江尻の難波野遺跡は、弥生時代中期後半、紀元前一世紀頃の方形貼石墓二基を含む遺跡群である。長辺は約三十メートル、短辺は、十六・二メートルで、丹後の弥生墳墓では最大といわれる日吉ヶ丘遺跡と肩を並べるものである。被葬者は、宮津市の府中地区を地盤としていた有力者であろうといわれるが、この遺跡のすぐ近くに丹後一宮籠神社がある。籠神社には、古代からの海人族の系譜が伝えられているが、海に近く、日本海ルートの交易を考える上でもこの弥生の遺跡があることは重要である。

水晶工房跡で、日本最古で最大といわれるのは、京丹後市弥栄町にある奈具岡遺跡である。弥生時代中期後半、一世紀頃と考えられる遺跡で、鍛冶製鉄にかかる渡来系氏族の大規模な鉄技術集団がいたと考えられる。弥生中期、北部九州を凌駕する技術力が丹後に存在していた。

三坂神社墳墓群（京丹後市大宮町三坂）は弥生後期前半、そこには、有力者とその家族三九人を埋葬しているという。その中で最大の三坂神社3号墓には、水銀朱がまかれており、水晶玉、ガラスの勾玉や管玉で作られたヘアーバンドや耳飾りをした有力者が眠っていた。また、朝鮮半島からもたらされた素環頭鉄刀、鉄製のヤリガンナ、鉄鏃《てつぞく》などが出土している。墳墓全体からは、ガラスで作られた勾玉や管玉が三千点以上出土している。同じ頃の今市墳墓群（京丹後市大宮町）からは鉄製のヤリガンナと刀子が出土しているが、このヤリガンナには絹糸が巻かれていた。弥生の絹が丹後から出土していることは注目に値する。

阿蘇海を見渡せる位置に築かれているのは、与謝野町岩滝にある大風呂南一号墓である。ここからは透明の輝きを持つ完形のガラス釧（腕輪）やひとつの埋葬施設から十一本という大量の鉄剣が出土した。弥生時代後期後半頃（西暦二〇〇年前後）、朝鮮半島や、九州方面まで広く交易していた王の姿が見える。ガラス釧は全国に八点しか出土していない。そのうち、丹後には、比丘尼屋敷遺跡（京丹後市大宮町三重）からも緑色のガラス釧が出土している。これは釧の二分の一ほどが割れて残っていることと、さらにこれが二つに割れており、それぞれのカーブが微妙に違うことが指摘されており、もしかしたら、これは二つの釧であったかもしれないとする意見もある。もしそうであれば、この珍しいガラス釧は、丹後に二つではなく、三つ存在したとなる可能性がある。

勾玉や管玉が飾られた冠が出土した赤坂今井墳丘墓（京丹後市峰山町）の弥生時代後期末葉の方形墓であるが、当時全国で最大級の大きさである。この墳墓には二十数基近くあり、そのうち二番目に大きな埋葬施設からは、管玉勾玉で飾られた冠が出土した。ここに使われていたガラス製の管玉からは中国の人工顔料「漢青《かんせい》」が見つかったが、中国の原料を使い中国で作られたものである。丹後の王は大船団を率い日本海を渡り、中国とも交易していた。ふんだんに埋葬された玉類と鉄剣の多さが、貿易立国ともいえる交易による富を蓄えた華やかで豊かな王国があったことを物語っている。玉類の豪華なさまは、当時の最先端のものと思われる。それが残っているということから、遺物としては残りにくい布類なども当時は当然あったに違いない。だから、遺跡に残ってはいなくても、豪華な衣裳をまとっていた被葬者であっただろうと想像できる。また、それらは、当時のこの地方一帯をリードした王族だっただろうと想像する。

このように見てみると、丹後地域には、紀元前二世紀頃から、王（または女王）と思える権力者が存在し、大陸とも交易し、鉄を確保し、ハイテク技術を駆使して、加工し製品化していた。こういう土台がまずあって、三世紀前半には、赤坂今井墳丘墓からは勾玉の冠が、大風呂南墳墓からはガラス釧と多くの鉄剣が出土した。

そして、このことから、ガラス玉や鉄剣を多く持つ丹後独特の文化が花開いていく中に、巨大な王権が育っていたと考えられる。

交易により富を得、富は力を生む。そして、呪術社会である古代において巫女王の存在を抜きには考えられない。

赤坂今井墳丘墓の二番目に大きな墓は女性墓であろう。また、古墳時代前期末から中期前葉にかけての大谷古墳（京丹後市大宮町）は、熟年女性の完全な人骨が残っていたということで、女王の墓であることがわかった。

古代社会において、女性は神秘的な存在であり、また、神の言葉を告げる巫女的能力を持つ女性は尊ばれていたと考えられる。大谷古墳に眠る女王はこの地に女王の伝統があったことを教えてくれるようだ。古代においてこうした女性がいた所、それが丹後なのである。

丹後の遺跡は今まさに貴重なメッセージを伝えようと蘇ってくるようだ。

大風呂南一号墓出土ガラス釧
（写真提供：与謝野町教育委員会）

（2）青龍三年鏡は卑弥呼の鏡か

　卑弥呼の鏡とよくいわれる三角縁神獣鏡が魏鏡であるとする説や、否、国産によるもので卑弥呼が魏からいただいたものではないとする説などある。王仲殊氏によれば魏からいただいた卑弥呼の鏡は「内行花文鏡」「方格規矩鏡」「獣首鏡」「麒鳳鏡」「双頭龍文鏡」「位至三公鏡」だという。

　また、鏡が作られた年代を刻んだものを紀年鏡という。日本出土で中国の紀年が入った鏡が重要ではないかと思う。卑弥呼が朝貢し、銅鏡百枚をいただいたのは、景初三年（二三九）ということであるが、大田南五号墳（京丹後市峰山町・弥栄町）からは青龍三年の年号が刻まれた方格規矩四神鏡と呼ばれる鏡が出土している。青龍三年とは、中国の魏の年号で二三五年、それは、卑弥呼が遣使する四年前の年号である。これこそ卑弥呼が下賜された銅鏡百枚のうちのひとつではないだろうか。

鏡　式	紀　年　銘	年号	径㎝	出土古墳	地　名
方格規矩四神鏡	＊魏・青龍三年	235	17.4	安満宮山古墳	大阪、高槻
方格規矩四神鏡	＊魏・青龍三年	235	17.4	大田南５号墳	京都
平縁神獣鏡	呉・赤烏元年	238	12.5	鳥居原狐塚古墳	山梨県
三角縁神獣鏡	＊魏・景初三年	239	23.8	神原神社古墳	島根県
画文帯神獣鏡	＊魏・景初三年	239	23.1	和泉黄金塚古墳	大阪府
斜縁盤龍鏡	＊魏・景初四年	240	17.0	広峯 15 号墳	京都府、福知山市
斜縁盤龍鏡	＊魏・景初四年	240	17.0	出土古墳不明	
三角縁神獣鏡	＊魏・(正)始元年	240	22.6	柴崎蟹沢古墳	群馬県
三角縁神獣鏡	＊魏・(正)始元年	240	22.6	森尾古墳	兵庫県
三角縁神獣鏡	＊魏・(正)始元年	240	22.6	御家老屋敷古墳	山口県
平縁神獣鏡	呉・(赤)烏(七)年	244	17.0	安倉高塚古墳	兵庫県
平縁神獣鏡	晋・元康（ ）年	291〜299	13.0	伝上狛古墳	京都府

日本出土の中国の紀年名鏡一覧（＊は魏の鏡）
（検証邪馬台国・１９９８．５ 高槻市より抜粋）

（3）大風呂南墳墓の多量の鉄剣は列島第一の有力な王の証

古代において、海外との交易の面からも、また魏に朝貢しようとした事情からも、海を渡ることに長けた部族の力が大きいことはいうまでもない。また、その武力、勢力をさらに導いたであろう優れた霊力を持つ巫女王は不可欠と考えているが、やはり、弥生後期、特別に大きな力を持つことができた源、それは鉄資源だと考える。

鉄の出土量は、全体の量としては九州が多いということだが、一箇所の墓から大量の鉄剣がでてくるという意味で弥生後期、一番といえるのは丹後である。そのことを証明できるのが大風呂南墳墓（与謝野町）である。

大風呂南（一号墓・二号墓）墳墓群は、携帯電話のアンテナ基地の計画に伴って実施された調査で、予想外に弥生時代後期から末期の二つの台状墓が発見されたのだ。与謝野町岩滝小字大風呂であるところから、地名をとって大風呂南墳墓群と名付けられた。

丹後半島の南にある阿蘇海を臨み、南東方向に派生する丘陵上に築かれている。ここに、五基の埋葬施設があり、一号墓には、二基、二号墓には三基あった。

これらのうち、一号墓の第一主体部は、巨大な逆台形の墓穴に、全長四・三メートルに及ぶ巨大な船底形にくり抜いた木棺を納めていた。その中には、朱を塗り、鉄剣が一一本、銅釧が十三、貝輪の残欠、ガラス釧、鉄鏃、などが出土した。ガラス釧は、欠損なく出土したものとして、日本初。この時代のガラス製品として、最大級で、外径九・七センチ、内径五・八センチ、厚さ一・八センチ、左手に付けられていたようだ。また、第二主体部からも、鉄剣が二本出土している。

こうした出土物からは、強大な武力があったこと、銅釧と貝輪は北部九州とのつながりを示していること、ガラス釧は高度な技術との交流があったことを示している。

このように、鉄の出土量としては、全体量としては九州が多いが、ひとつの墓の中に、これほどたくさんの鉄剣が埋納されているのは、この丹後が一番である。この当時の大和にこれだけの鉄はでていない。つまり、このことからわかることは、弥生後期に、列島の中で、一番強力な王が存在していたのは、九州でもなく大和でもなく、丹後にいたと考えられるということなのである。

そして、六世紀後半の遠所遺跡（京丹後市弥栄町）に見られるような製鉄コンビナートにつながるのであろう。

大風呂南一号墓出土鉄剣（写真提供：与謝野町教育委員会）

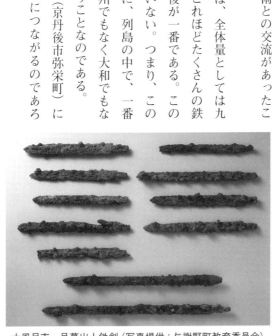

（4）有数の鉄の生産地　丹後

製鉄関連の遺跡は、京都府内の山城や丹波地域ではほとんど確認されていないが、「京都府遺跡調査報告書」によれば、丹後半島の製鉄遺跡は、五四箇所を超え、そのうち古代の製鉄遺跡は、四九箇所あるという。

以前より、京丹後市久美浜町函石浜遺跡、京丹後市丹後町竹野遺跡、京丹後市峰山町扇谷遺跡、与謝野町加悦の火口遺跡、細谷遺跡、与謝野町岩滝町　解谷遺跡、与謝野町野田川の庄内遺跡、宮津市中野遺跡、京丹後市久美浜町金谷遺跡、大貝遺跡などから鉄滓、鍛冶滓の出土が知られていたが、遠所遺跡発見後は、さらに多くの遺跡が存在することがわかり、丹後地域が、有数の鉄の生産地であることがわかってきた。

丹後地域での鉄器の初現は、扇谷遺跡（弥生時代前期末～中期初頭）からの鉄斧の出土である。環濠内からは、鞴羽口、砂鉄系鍛冶滓が出土しており、丹後での鍛冶の生産の開始が考えられる。扇谷遺跡は、峰山町字杉谷、丹波、荒山の境にある。この大きな環濠《かんごう》は鉄器で掘削したと思われる。

京丹後市峰山町の途中ヶ丘遺跡（弥生時代中期後半～後期）では、弥生時代に属する可能性のある鉱石系鍛冶滓が出土している。

また、最古最大の水晶玉を中心とした大規模な玉作り工房である弥栄町の奈具岡遺跡（弥生時代中期後半）では、多量の鉄片と一部鉄製品が出土し、簡単な鉄器の生産を行っていたと考えられる。また、鍛冶炉が存在した可能性がある。

鉄製工具などの加工生産具も出土し、こうした玉作りに使った鉄製の工具の加工もこの奈具岡の集落内で行われていただろうことがわかった。

奈具岡遺跡の資料によると、

・弥生時代中期段階での鉄片や鉄器出土は、北部九州、瀬戸内が中心で、量的には、後期の熊本県二子塚遺跡が最大であるが、奈具岡遺跡の鉄片、鉄製品は、これをはるかに上回る。

・弥生時代の鉄器の普及、及び生産については、これまでは、九州北部が優位を占めて、他の地域は、数時期遅れるとされていたが、丹後半島では、これまでも、弥生時代中期後半~後期の峰山町途中ヶ丘遺跡、弥生時代前期末の扇谷遺跡から鋳造鉄斧が出土して注目されてきた。

・今回の奈具岡遺跡出土によって、丹後半島は、きわめて重要な地域となったと考えられる。（「奈具岡遺跡の現地説明会資料」）

ということである。

弥生時代中期中葉から後葉の集落の一端と中期後葉の墳丘墓、日吉ヶ丘遺跡からも、棺内の被葬者頭部付近から碧玉や緑色凝灰岩の細身の管玉五〇〇点近くが出土したが、中期後葉から当時の漢の先端技術で作られた鉄素材の破片も入手されていたことがわかる遺跡である。

このように、日本列島での鉄器の生産使用については、丹後は重要な地域であるいうことだ。

(5) ヤマトと丹後を結ぶクリスタル・ロード

小さな輝きであるが、丹後で発見された遺物と同じものが大和でも発見されている。

それは水晶玉である。

その水晶玉は、ひとつは、京都府京丹後市大宮町の三坂神社遺跡三号墓第十主体部出土の水晶玉。もうひとつは、奈良県の田原本町にある唐古・鍵遺跡出土の水晶玉である。「大和と丹後の水晶玉について」と題し、清水眞一氏と藤田三郎氏が、次のように報告されている。

大和の唐古・鍵遺跡は、弥生中期末から後期初で、ここからでた水晶は、直径五・二〜五・四ミリで、厚さ三・八ミリ、孔径〇・八ミリ、半透明で、特徴としては片面から穿孔《せんこう》を行っている。これは、弥生後期初頭の井戸から見つかったものである。

また、丹後の三坂神社遺跡も同時期で、水晶玉が十四個、墳墓の中、遺体につけられた状況で見つかった。大・中・小の大きさがあり、そのうち小のものが中央の稜のあり方、上下両端を研磨して平坦化されている点、穿孔を促進するため片面が二重段になっている点などよく似ているということだ。

このように、「同じサイズのものを作ることが技術的と考えるならば、また穿孔時の特徴の共通製から同一工人もしくは同一生産地で作られた可能性が推定できる」としている。

また、「丹後では弥生時代第三様式期にすでに水晶玉生産が開始されており、丹後地内でその技術が伝わったと見られる」とし、「もしも丹後産の水晶が大和にもたらされ、大和の弥生期の中心、唐古・鍵遺跡の住人の手にわたったとすると、丹後→丹波→山城→大和の日本縦断道が、水晶道（クリスタル・ロード）でもあったことになる……」と結んでいる。

古代において、海のある丹後から大和へ入るには、古代豪族によるところが大であると考える。もうひとつのコースとして、琵琶湖のある近江を通る道もあったと考える。そうすると、クリスタル・ロードは、丹後→丹波→近江→山城→大和の道もあったのではと考えられる。丹後から大和への進出があったことを証明する物的証拠のひとつとしてこの水晶玉は重要である。

五、古代海人族の歴史を語る国宝『海部氏系図』

浪漫溢れるサスペンスの謎解き、それが古代史研究の醍醐味といえば、これまでの丹後の伝説、遺跡、そして籠神社、さらには、籠神社秘蔵の国宝『海部氏系図』から、従来の古代史を一変させる気配がある。『魏志倭人伝』による卑弥呼や邪馬台国にとらわれなくても、この海部氏の系図を見ると、当時の倭国をリードした海人《あま》王国があったことがわかってくる。状況証拠、物的証拠など不十分とはいえ、従来の邪馬台国説や卑弥呼説をはるかに凌駕する証拠が、質、量ともに存在し、邪馬台国が丹後を中心とする一帯であり、そこが卑弥呼の故郷だったという推測が、あながち的外れでないどころか、相当な確率で史実として登場してくる。

それにはまず邪馬台国と言われる支配地に勢力を持ち、やがて邪馬台国の担い手だった古代海人族の存在が重要である。

（注：海人族とは、縄文から弥生以降にかけて、漁撈《ぎょろう》だけでなく、航海、交易等で活躍した集

団をいう。海部とは、応神五年に定められた部民のひとつである。海人族の中で海部直の姓《かばね》を賜ったのが海部氏となっている。ここでいう海人族と海部氏は同じで、年代によって呼び方が違うだけである)

(1)日本海を雄飛した海部氏

海部氏とはどういう人々だったのだろうか。

古代日本には、各地に王国があった。海に囲まれた島国日本にとっての王国と言えば、海の豊かな幸をいただき、海を交通手段に使い、海と共に生きる人々で構成されていたであろう。その中でも、特に、大きな力を持っていたのは、大陸からの先進文化をいち早くとりいれ、交易し、富を蓄えることができた日本海沿岸の地域に生きていた人々であろう。

そうした中で活躍したのが、海人族である。

海に囲まれた古代日本は、何よりも優れた航海力、海運力を必要とされた。海人族は古くより海辺に住み、漁撈に従事するだけではなく、大陸との交易を行っていた。そこに富の源泉をたどることができる。広大な海に乗り出して行くのに必要な天文知識、造船技術、航海技術に長けていたのが海人族である。そして、日本海沿岸の強力な海人水軍として成長し、やがては、近江、山城を通り、大和の地までその力を及ぼしたと考えられる。

その水軍としての力のすごさは、後述する丹後秘蔵の資料国宝『海部氏系図』『海部氏勘注系図』にその証拠がある。その「建振熊宿禰《たけふるくまのすくね》」という人物の所に、外国との戦いに水軍を率いていったこと」、その数は、「水主《かこ》を三百人」とある。「水主」は、単なる「水夫」ではない。水夫たちを束ねる長となるのが「水主」である。少なくとも、「水夫」何人かを率いるのが「水主」であるとしたら、相当数の人数を、この建振熊宿禰が率いていたことになる。

さらに兵庫県の袴狭《はかざ》遺跡からは、たくさんの準構造船の船を描いたものが出土している。準構造船とは、丸太をくり抜いて造った丸木舟に竪板《たていた》や、舷側板《げんそくばん》等の部品を組み合わせたという大型船で、海外との航行にはこの大型船の船団を組んでいたに違いない。丹後の水軍は巨大な組織を持っていたと思われる。大陸の優れた文化が上陸したのも、強力な水軍があって初めて成し得ることとなる。水軍ひとつ見ても、この時代、この日本海沿岸にある丹後が、どんなに政治的にも重要であったかはいうまでもないことである。

海人が住んでいた所を海部郷という。承平年中（八五一〜九五七）に源順によって編集された、日本最初の辞書『和名抄』に見られる海部郷は一七箇所ある。

豊後（大分県）　海部郡

安芸（広島県）　佐伯郡海《あま》郷
　　　　　　　安芸郡安満《あま》郷
阿波（徳島県）　那珂郡海部郷
淡路（兵庫県）　三原郡阿万郷
紀伊（和歌山県）　海部郡
尾張（愛知県）　海部郡
武蔵（東京都）　多摩郡海田《あまだ》郷
上総（千葉県）　市原市海部郡
肥後（熊本県）　天草郡天草郷
筑前（福岡県）　怡土郡海部郷
　　　　　　　那珂郡海部郷
　　　　　　　宗像郡海部郷
隠岐（島根県）　海部郷
丹後（京都府）　熊野郡海部郷
　　　　　　　加佐郡凡海《おほしあま》郷
越前（福井県）　坂井郡海部郷

丹後半島及びその周辺にはそのうちの三箇所がある。
ひとつは、現在の京丹後市久美浜町（旧熊野郡久美浜町）であり、ここには良港があり、強力な水軍がいた。また、ここには、「海士《あま》」という地名が残り、数多くの古代遺跡があり、伝説が残る。また、ひとつは、丹後（京都府）加佐郡凡海郷《おうしあまごう》である。ここにも、古代海部氏の足跡が濃厚に残されている。さらに、越前（福井県）の坂井郡海部郷である。『海部氏勘注系図』には、若狭国の海人を率いたことが記されているが、日本海沿岸には、丹後に本拠地を置く強力な海人族がいたことがわかる。

この海人の民を組織したのが、のちに、海部直の姓《かばね》を与えられた海部氏である。時代によって呼び方が違うが、丹波、但馬、若狭の海人集団を率いていたのが、丹後海部氏である。

（2）古代は日本海ルートが重要

この海人族の発展に寄与したのが、交通の日本海ルートである。日本海ルートの重要性は、以前から注目されているところである。

日本海側から太平洋側にでるための古代のコースとして、由良川を通り加古川に入るラインがある。

そして、もうひとつは、丹後から近江に入るルートである。

滋賀県新旭町の熊野本遺跡からは、七百四一個のガラス玉が出土している。これらのガラスは、丹後の大風呂古墳から出土したガラス釧《くしろ》（腕輪）と成分が同じ可能性があるという。また、副葬品の中には琵琶湖でとれないはまぐりがあり、日本海沿岸との交流が深かったことを表している。『日本書紀』垂仁紀に「近江国の鏡の谷の陶人は、則ち天日槍《あめのひぼこ》の従人なり」とある。「近江国の鏡の谷」とは、「滋賀県竜王町鏡」の周辺であろうが、天日槍の往来を表す伝承がある。このあたりは、「綾戸」「須恵」など渡来系の地名が残っている。また、天日槍の伝承を伝える苗村神社等もあるが、近江国に渡来の伝承が多いことはいうまでもない。

国宝『海部氏系図』からは、日本海側をおさえた海人族が、その優れた航海技術や先進技術をもって、次第に内陸部へ勢力を広げた大丹波王国の存在や、さらに初期ヤマト政権を構築するヤマトへの道が浮上するのだが、まさしく、考古学の視点からも、日本海沿岸から近江を経て、内陸部へと移動する日本海ルートが見える。

初期ヤマト政権成立前夜、物資や情報の供給ルートのひとつに、古代、勢力を持った海人族により、丹後から近江の琵琶湖を通り、内陸部へと入ったであろう道が見える。

日本海沿岸から近江、山城を通り、ヤマトに入った海人族が、初期ヤマト政権を創ったのであり、この海人族こそが、大王家だったと考えられる。

この日本海沿岸を根拠地として花開いた古代王国が広い範囲の大国であり、全国各地にあったであろう古代王国の中でも、最有力の王国であったと考える。そして、その丹後で勢力を張っていた海人族、すなわち海部氏の中の一派が大和に入っていった。そして、ヤマト政権の前史と、さらに本史にまで、この大丹波王国（＝丹後王国）の海人族が深く関わっていたと考える。

そして、考古学的見地から、文献学的見地から、また、地元の神社伝承から、そして、国宝『海部氏系図』『海部氏勘注系図』から次のように言える。

ヤマト政権の基礎を創ったのは、大丹波王国（＝丹後王国）である。

その王とは、海人族であり、後の海部氏ではなかったか。

そして特筆したいのは『隋書』にある「倭国の王は阿毎《あま》」という文章である。海人族が古代の王者であった。

また、『古事記』『日本書紀』には、神武天皇を水先案内した「ウズヒコ」という人物がいる。『古事記』の中では、「亀の背にのり」「釣りをしながら」「打ち羽ぶりくる人」が、速吸門《はやすいと》で逢う。名前を聞くと「ウズヒコ」という。海の道をよく知っているかと問うと、よく知っているという。

また、シイネツヒコとも、サオネツヒコともいい、「倭國造等の祖」であると書かれている。亀といい、釣りといい、ここから連想できるのは、浦島太郎の姿である。

浦島太郎は、御伽草子《おとぎぞうし》の主人公の名前であるが、本当の名は、「嶋子」という。

浦島伝説が、世界に、全国に広がっているが、文献学的に日本最古は、『丹後国風土記』逸文で、丹後が発祥の地であることは述べたが、このように登場した海人族のウズヒコとは、丹後の出身者と考えられる。

丹後の籠神社に残る国宝『海部氏系図』と『海部氏勘注系図』は、丹後海人族の由緒正しい系譜が残されている。そこに、第四代にヤマトスクネノミコトという人物がいて、丹後で生まれ、ヤマトへ入っていった人物がいたことが書かれている。これが、ウズヒコであり、シイネツヒコである。

（3）水軍の長、建振熊宿禰

『海部氏系図』には、「孫　健振熊宿禰」とあり、次のように記している。

「孫　健振熊宿禰は、若狭木津高向宮で、海部直の姓を定め賜ふ、楯鉾を賜ひ國造として仕え奉る。品田天皇の御宇」

とある。

健振熊宿禰が、品田天皇、すなわち応神天皇の世に若狭木津高向宮で、海部直の姓（かばね）を賜り、楯鉾を賜り、國造として仕え奉ったことがわかる。

この人物について、『海部氏勘注系図』は、次のように記す。

「十八世孫　丹波國造健振熊宿称は、息長足姫皇后が新羅國におもむいた時、丹波・但馬・若狭の海人三百人を率い、水主《かこ》と為し仕え奉る。帰国の後、勲功に依り、若狭木津高向宮で、海部直の姓を定め賜ふ、楯鉾を賜ひ國造として仕え奉る。品田天皇の御宇。海部直、亦云う、丹波直、亦云う、但馬直。熊野郡川上郷安田に葬る」

『海部氏系図』に記された人名は、「彦火明命」「倭宿祢命」「健振熊宿禰」とあるように、「命」「宿祢」の名称であったのが、応神天皇の時、海部直の姓を賜り、以降は、「海部直」となっている。その儀式のあった場所は、「若狭木津高向宮」とある。若狭とは今の福井県で木津庄があり、ここに高向宮があったという。今の高浜町あたりである。また、丹波・但馬・若狭の海人三百人を率い、水主として仕え奉ったとあり、水軍の長であったことがわかる。応神天皇の時、海部の姓を与えられたということは、この時に臣下に落とされたものと考えられる。

この健振熊宿禰の葬られた所は熊野郡川上郷安田とあり、現在の京丹後市久美浜町である。ここは古代の海部郷であり、いざ出陣の時はこの港から出航したと考えられる。

このように、この系図からは、強力な水軍の長であったことなどがわかる。

(4) 欠史時代は古代海人族がになった

欠史八代とは、『古事記』と『日本書紀』において、二代の綏靖天皇から安寧、懿徳、孝昭、孝安、孝霊、孝元、そして九代の開化天皇までの八代の天皇に関しては、天皇の両親、妻、子供という系譜、天皇の没年、墓所については書かれているが、天皇の治政、業績や人間性に関わる記述がないことから、いわゆる「歴史が欠けている」として欠史八代という。そのため、天皇の実在性に対しても疑問をなげかけており、今のところこの考えが通説とされている。

八代の天皇を、架空の人物とする主な理由

①天皇の歴史的叙述が抜けているため、実在性が疑わしい。

②初代の神武と、十代の崇神は、共に「ハツクニツラス」といわれ、二人もハツクニシラス天

皇がいることが奇異であるが、後世に神武東征伝説が構築されたため、神武のすぐ次に崇神がくるのはおさまりにくいので架空の王をつくりだした。

③対外的に、日本の歴史が古いことを誇示する必要から、歴史の延長を図るため、また、天皇家万世一系の歴史を作るため造作した。

④天皇の名前には、例えば、孝安天皇には、漢風諡号である「孝安」と、和風（国風）諡号である「オオヤマトタラシヒコクニオシヒトノミコト（大倭帯日子国押人命）」という二つの名がある。この和風諡号から考えると、「そこに使われた名の概念は、どんなに古く遡っても六世紀中葉を上限とするので天皇の御名としては造作の部類に属する」（「欠史八代」論争「古代史論争歴史大事典」前田晴人）とあるように、「タラシヒコ」や「クニオシ」の概念が登場するのは推古朝前後であるという。ほかにも、孝元天皇の「オオヤマトネコヒコクニクルノミコト」の「オオヤマトネコ」の部分は、七世紀末から八世紀初に造作されたとの見解もある。

しかし、欠史時代の天皇にはそれぞれに相当する別の人物がいたのではないかと考える。

それは次の理由による。

①第七代の孝霊天皇の部分には、吉備の国を平定した吉備津日子命のこと、氏族の出自について書かれている。

②第八代の孝元天皇の所にも、氏族の出自について書かれている。
③第九代開化天皇の所には、旦波の大縣主由碁理の系譜が書かれている。
④和風諡号では、三代安寧天皇のシキツヒコタマテミの「タマテミ」や、四代懿徳天皇のオオヤマトヒコスキトモの「スキトモ」や、五代孝昭天皇のミマツヒコカエシネの「カエシネ」、七代考霊天皇のオオヤマトネコヒコフトニの「フトニ」などは素朴な名で、「スキトモ」などは農業生産との関連も指摘されており、実在した名に近いと考えられるのではないか。
⑤そして、その中に書かれた天皇の和風諡号が、『海部氏勘注系図』の中にでてくる。

こうしたことから、欠史といわれる時代の大王は海人族の中に見出すことができるのではないかと考えられる。

『先代旧事本紀《せんだいくじほんぎ》』には、

「四世孫瀛津世襲命、天忍男命の子、此の命は、池心朝御世、大連と為り供奉《つかえまつ》る。……妹は世襲足姫命。此の命は、腋上池心宮《わきがみいけごころのみや》の御宇、観松彦香殖稲《みまつひこかえしね》天皇（第五代孝昭天皇）立て、皇后となし、二皇子を誕生《あれ》ます。即ち、大足彦國押人命《おほたらしひこくにおしひとのみこと》、次に、日本足彦國押人《やまとたらしひこくにおしひと》天皇（第六代孝安天皇）是なり。」

とあり、尾張氏の系譜の中に、天皇となった人物がいたことが記されている。

また、

「七世孫建諸偶命。此命は、腋上池心宮に御宇天皇（第五代孝昭天皇）の御世に大臣となりて供奉る。……妹大海姫命《おほあまひめのみこと》、この命は、磯城瑞籬宮《しきのみずかきのみや》に御宇《あめのしたしら》す天皇（第一〇代崇神天皇）立て、皇妃と為し、一男二女を誕生す。」

とあるように、尾張氏の娘が皇后となっている記録がある。

（5）天御蔭命とは、大王を表すのか

さらに、『海部氏勘注系図』に現れる人物の中には、またの名を「天御蔭命」と伝えられる人物が登場する。

三世孫　倭宿禰命　（ヤマトスクネノミコト）（天御蔭命）
六世孫　建田勢命　（タケタセノミコト）（天御蔭命）
七世孫　建諸隅命　（タケモロスミノミコト）（天御蔭命弟）
九世孫　意富那比命　（オホナビノミコト）（天御蔭命）
十一世孫　小登與命　（オトヨノミコト）（天御蔭命）
十二世孫　建稲種命　（タケイナダネノミコト）（天御蔭命）

この、またの名「天御蔭命」は何を表しているのだろうか。

天御蔭とは、何を暗示しているかを考える。

① 近江の御蔭の神

天御蔭神が祀られているのは、滋賀県野洲市にある御上神社である。
そこには、御上山、三神山、あるいは、御影山、百足《むかで》山、と呼ばれる神体山がある。

「俵藤太の百足退治」の伝説（お伽草子）
近江の国の勢多の橋に横たわっている大蛇の背を踏んで通り過ぎた藤原秀郷の勇気に感じて、

大蛇は、三上山の百足を退治してくれるように頼んだ。秀郷は、唾をぬって、矢を射て、百足を退治したので、大蛇から、使ってもつきない巻き絹、米のつきない俵、おもうままに食物のでる鍋をもらう。さらに、竜宮に招かれ、鎧、太刀、赤銅の釣り鐘を贈られて帰り、釣り鐘は園城寺に寄進した。その後、平将門の征伐を行い、計《はかりごと》を持って館に入り、将門を倒した。

龍神が化身した大蛇とは、龍神は水神で、その現れたる姿が蛇である。また、水の神は、河川の氾濫を防いだり、治水を行ったり、開拓をする神を顕している。また、神は人なりと考えると、治水を行う技術を持った人、集団をいうことになる。

百足とは、たたら作業に従事する時の向こう槌《つち》の使い手が「向手《むかで》」と呼ばれ、槌をうつ時に、手が交互に伸び、それが百足のように見えることによるという。従って、両者の戦いは、大量の労働力を要した採鉄首長同士の対決ではないかとも考えられる。

天之御影命は天目一箇神《あめのまひとつのかみ》と同神。天目一箇神は、金工鍛冶の神である。三上神社の「由緒略記」に、御祭神を天御影神と伝え、「天照大御神の御孫」とされている。

『古事記』によれば、

アマテラス――オシホミミノミコト┬アメノホアカリノミコト
　　　　　　　　　　　　　　　└ニニギノミコト

海部氏の系図によると、

アマテラス――アメノオシホミミノミコト――ヒコホアカリノミコト

御影の神とは、アマテラスの孫であるヒコホアカリノミコトとなる。

④丹後の御蔭神

舞鶴市森に大森神社といわれている彌加宜神社がある。この神社は、また、杜坐彌加宜社ともいわれ、「杜の中に、霊水有る也、杜清水と号す」とあるが、本殿が、杜清水と呼ばれる霊水が湧き出ている井戸の上に建っている。この神社の御祭神は、天御影命と伝えられる。

由緒記によると、「創立年代ハ、崇神天皇ノ御宇、丹波道主ノ命ノ御祭給所ニシテ延喜式内ノ御社也」とある。

天御影神は、水の神であり、金工鍛冶の神すなわち火の神でもある。そして、「火」が太陽の「日」にも通じると考えられる。

○近江や丹後のみかげの神を祀る神社伝承からは、「アマテラスの孫」、先進技術を持った長、鉄の神、水の神、火の神などの特徴が浮かび上がる。
○『古事記』には、「近江の御蔭の神の女、息長水依比売」とある。
○『先代舊事本紀』の「天神本紀」には、瑞寶十種を授けられ天降った天照国照彦火明櫛玉饒速日尊の防衛のため天降りつかえ奉った三二人のうちの中に、「天御蔭」がある。
○『和名抄』には、「霊を美太萬《みたま》、一に云ふ美加介《みかげ》」
○天御蔭とは、天をおおって蔭をつくることから、壮大な宮殿。天皇の御殿。
○『神に関する古語の研究』（林兼明）によると、「天之御蔭、日之御蔭なる語句は、……満腔の憧憬讃仰欣求の心を以て、天日の恩行、天日の霊光感　被享するの義に出でたるものなり」つまり「天日を崇拝し、天日の恩恵を被佩し、日霊を奉斎する民族習俗の表現」であるとしている。

こうしたところから、「天御蔭命」とは太陽神を表しているのではなかろうか。

(6) 系図に書かれた神宝、息津鏡と邊津鏡が籠神社にあった

『海部氏勘注系図』には、神宝を持っていた人物がいたことが書かれている。

○始祖　彦火明命《ひこほあかりのみこと》

天祖の二璽神寶（息津鏡および邊津鏡これなり。天鹿兒弓・天羽羽矢を副えて賜う）を、火明命に授け給いてあなたは、葦原中国の丹波國に降りまして、この神寶を斎き奉り、速やかに国土を造り修めよ、と詔り給う。故にしかりと、火明命、これを受け、丹波國の凡海息津嶋に降り坐す。

○兒　天香語山命《あめのかごやまのみこと》

命、その神寶を斎き奉らんと欲す。速やかに国土を造り修めんと欲す。

○三世孫　倭宿禰命《やまとすくねのみこと》

神日本磐余彦天皇（初代　神武天皇）の御宇に、参赴《まいおもむ》きて、祖神より伝来の天津瑞神宝・息津鏡・辺津鏡を献《たてまつ》り、もって、奉仕する。

○四世孫　笠水彦命《うけみずひこのみこと》

神渟名川耳天皇（第2代綏靖天皇）の御宇、天御蔭の鏡を神宝と為し、仕え奉る。

○六世孫　建田勢命《たけたせのみこと》

古記に云う、この命は天の御蔭の鏡・天村雲之刀をもって、二璽神宝と為す。

神寶は、天の御影の鏡、天の村雲の刀であると、古記にある。

○九世孫　意富那比命《おほなびのみこと》
天御蔭之鏡、天村雲太刀、天羽羽矢、生玉、足玉、死反玉、道反玉、蛇比禮、蜂比禮、日月之鏡海部氏系図の中には、太陽神や大王的人物をさし示すと考えられる「天御蔭命」という名を持つ人物があったが、さらに、神宝を持っていた記録が書かれていた。

しかも、始祖彦火明命が、持っていた天祖の二璽神寶《あまつみおやふたつのみしるしかんだから》である息津鏡《おきつ》と邊津鏡《へつ》は、三世孫倭宿禰命が持っていた「祖神より伝来の天津瑞神宝・息津鏡・辺津鏡」であり、それは、四世孫・笠水彦命において、「天御蔭の鏡を神宝と為し、仕え奉る」と書かれ、さらに、六世孫・建田勢命の「天の御蔭の鏡」につながっていく。

実は、籠神社には、この系図に示されたと神宝息津鏡と邊津鏡に該当すると考えられる鏡が所蔵されている。

昭和六二年十月三一日に公開された二面の鏡について、京都大学名誉教授・奈良県立橿原考古学研究所長であった考古学者である樋口隆康先生が鑑定され、その結果をシンポジウムで次のような要点で発言されたことが、金久与市氏の『古代海部氏の系図』の中にある。

それによると、邊津鏡は、紀元前一世紀後半、前漢時代の後期（約二〇五〇年前）に作られたものであること、小型で直径が九・五センチ、たいへん美しく、少しネズミ色をしており、つややかで鋳上がりも非常によいものであること、「連孤文昭明鏡」あるいは「連孤文明光鏡」と呼んでいるものであること。

息津鏡は、後漢時代前半期（約一九五〇年前）の鏡で、直径一七・五センチ、銘文は「長宜子孫」という四つの文字が配置されている。どちらも日本出土のものではなく、中国製であること。

そして、日本で最も古いと言われる『海部氏系図』の『海部氏勘注系図』の中に鏡のことがはっきり記録されていて、しかも、その記録に該当すると思われる鏡がそろっている。このことは、日本のほかの神社の鏡を見ても、稀有な例であるということである。

このように、『海部氏系図』『海部氏勘注系図』の中には、驚くべき情報がつまっている。

(7) ヤマトに入った倭宿祢命《やまとすくねのみこと》

『海部氏系図』には、「三世孫　倭宿祢命」とある。

この人物について、『海部氏勘注系図』は次のように記している。

三世孫　倭宿祢命　亦名天御蔭命、亦名天御蔭志樂別命、母伊加里姫命也、神日本磐余彦天皇御宇参赴、而献従祖神傳来天津瑞神寶、息津鏡・邊津鏡是也、以奉仕矣、彌加宜社、祭神天御蔭命　丹波道主王之祭給所也、此命遷坐於大和國之時、娶白雲別神女豊水富命、生笠水彦命矣、笠水訓宇介美都

「この命、大和の国に遷座の時、白雲別神《しらくものわけのかみ》の女《むすめ》豊水富命《とよみとみのみこと》を娶り、笠水彦命《うけみずひこのみこと》を生む」とあり、丹波からヤマトに入ったということが書かれている。

実は、これが、丹後海人族の勢力のヤマト入り、前ヤマトを構築したというところに結びつくのである。

神武が大和入りした時には、すでに、饒速日命《にぎはやひのみこと》が大和にいた。この饒速日命は、海部氏の祖、彦火明命《ひこほあかりのみこと》とも同神である伝えがある。こうしたところより神武の前に海部氏一族は大和入りを果たしていたことになる。

やはり、前ヤマトに君臨していたのは、海部一族なのである。

そこで、「古伝」が含まれる『海部氏勘注系図』を見ると、

倭宿祢命の銅像

そこには、「歴代秘記」として、次のような重要な伝えがある。

「天御中主尊《あめのみなかぬしのみこと》ー伊邪諾尊《いざなぎのみこと》ー天照皇大神《あまてらすおおみかみ》ー正哉吾勝勝也速日天押穂耳尊《まさかあかつかちやはやひあめのおしほみみのみこと》ー彦火明命ー彦火火出見命《ひこほほでみのみこと》ー建位起命《たけいたてのみこと》ー倭宿禰命《やまとすくねのみこと》」

である。

こうした『海部氏勘注系図』の記録と『古事記』の記録から図示すると次のようになる。

天照大神→天忍穂耳尊

├ 彦火明命→彦火火出見命→建位起命→倭宿禰命（丹波降臨）←（大和）

└ 瓊瓊杵尊→火遠理命→鵜葺草葺不合命→神武（九州降臨）

（『古事記』の伝え）　（＝彦火火出見尊）

大和にいち早く入っていたのが丹後海人族である。

また、六世孫の「建田勢命」の所では丹波郷で宰相となり、山背国久世郡水主村に遷ったこと、さらに、大和に遷ったことが書かれている。

（8）なぜ海人族は衰退したのか

大丹波の王である海人族の長は、日本海沿岸の丹波、但馬、若狭の海人三百人を水主として奉仕したと『勘注系図』にあるように、日本海沿岸を制した海人族の拠点があったのが丹後であると考える。出雲の大国主命は越の国の沼名河姫に妻問いをした話が残されている。丹後を越えていったことになるが、丹後の大虫神社には、大国主命と沼名河姫がしばらく住んでいたという話が残されている。こうしたことを考えると越も丹波勢力が及んだ範囲といえる。また、新潟の弥彦神社のご祭神は、丹後の祖神彦火明命の子である天香語山命を祀っている。こうしたところから、出雲方面から新潟方面に到る日本海沿岸は海人族にとって海を通じてつながっているといえよう。

ところが、『古事記』『日本書紀』から「海部」という名を探しても、多くでてくるわけではない。『日本書紀』の応神天皇三年には、「海人さばめき命に従がわず」とあり、海人の反乱が告げられている。そして、応神五年には海人部が定められたとある。

ちょうどこのころ、『勘注系図』でも「丹波国造建振熊宿禰　海部直の姓を賜う」とあり、今まで「〇〇命」と表記されていた当主名が、「丹波国造　海部直〇〇」という表記に代わる。

『古事記』の応神記には、ある時、海人が海の幸を奉ったが、あい譲り合い、海人、疲れて泣いてしまった、とある。また、『日本書紀』仁徳紀にも、宇遅能和紀郎子と大雀命が皇位を譲り合い、その時に、海人が鮮魚を宇遅能和紀郎子に奉るが受け取らず、返して、大雀命に奉るも受け取らずということを繰り返したから、鮮魚が腐ってしまったので、それを捨てた。諺の「海人なれや己が物から泣く」というのはこれがもととある。

こうした逸話は、海人族というものが、後代に海産物をとって貢物をする氏族であることの由来を語るもので、海人族を貶めた書きようである。

そして、雄略二二年（四七八年）には、浦嶋子が常世に行くという記事があり、そのかげで、『倭姫命世記』には、丹後の祖神豊受大神が伊勢に遷宮されたことが記されている。

そして、大化改新の六四五年には、海部家ではさらに転換期を迎えており、海部直伍佰道祝から神職となり、現在に到っている。

（9）なぜ丹後が消されたのか

丹後の祖神である豊受大神も『古事記』にたった一行「次に登由宇気神、此は外宮の度相にます神なり」と記されただけで、伊勢外宮に祀られる神であるのに『古事記』『日本書紀』も沈黙している。

海部氏の祖神である彦火明命は、天孫ニニギノ命の兄弟でありながら、生まれたてのニニギの命を天降らせることによって、その存在を『古事記』『日本書紀』からは見えなくされてしまった。

また、『古事記』『日本書紀』にある出雲のヤマタノヲロチ伝説も、『出雲国風土記』にはないことは大きな疑問点である。さらに、出雲に国引き神話があるが、『勘注系図』には、「凡海と名付ける所以は、古老伝えて曰く、往昔、天下治しめすにあたり、大穴持神、少彦名神とこの地に到り坐しし時、海中の大嶋小嶋を引き集え、小嶋凡そ拾をもってひとつの大嶋と成す。故に名付けて凡海《おほしあま》という。當國の風土記にあり」とある。出雲の国引き神話と同じものが丹後にある。もしかしたら、丹後の出来事を出雲で起きたこととして、『古事記』『日本書紀』は丹後、大丹波の姿を消したのではないかと思われる。出雲で起きたことでないことも、出雲で起きたことにされたのではないか。

丹後の存在を消すために、『古事記』『日本書紀』から海部氏の名を消した。そして、海部氏に関することは同族である日下部氏の名で記していったのではないか。豊受大神の遷座も日下部氏の浦嶋子が常世に行くという話も、みな丹後と海人族の力をそいだことの表れである。それほどまでに、新興勢力にとって、丹後であり大丹波は目の上のたんこぶ、目障りであったのであろう。

そして、こうした流れを作ったのが、藤原不比等（六五九〜七二〇）の力であったと考えられる。

不比等は藤原鎌足の次男で、不比等の子孫のみが藤原姓を名乗り、太政官の官職につくことができるとした。子である藤原宮子は文武天皇の夫人となり、その子が聖武天皇である。橘三千代との間に生まれた光明子は聖武天皇に嫁ぎ、のち光明皇后となった。不比等とその息子たち藤原四兄弟により、藤原氏の栄華が作られた。我が子を天皇家と結びつけながら繁栄の基礎を築いた不比等であった。ここに、旧い勢力が目障りとなり、『古事記』『日本書紀』から丹後をも消していったのではないだろうか。

(10) 海部氏のたどった道

それでは、なぜ海部氏が存続することができたのかを考えてみたい。

海部氏の系図を見ると、三つの段階がある。

第一期は、始祖彦火明命から建振熊宿禰までで、「宿禰」の時期。

第二期は、海部直都比から勲尼まで。「海部直」の時期。

第三期は、海部直伍佰道祝から現在まで。「祝」の時期。神職である。

時の勢力に真正面から抵抗していたとしたら、当時にあっては命に関わり、家系の存続など許されていなかったはずであろうと思う。しかしながら、国造に任ぜられ、律令制下で神事を職掌するという中で、海部家が「直」となり「祝」となったのではないかと考えている。

こうして国を支える氏族として神の道を歩んだのが古代海人族であった。国譲りをしたのは大丹波王国であったと考える。

（11）海部氏と日本の始まり

以上見てきたように、海人族が日本の始まりにどんな関わりを持っていたか、それは国宝『海部氏系図』に詳しいが、この国宝系図の分析から次のようなことがわかる。

①大丹波王国（＝丹後王国）があったこと。
②その王国は、多くの地域国家の中でも特別の王国であったこと。
③その勢力は、ヤマトに入り、初期ヤマト政権の基礎を創ったと考えられること。
④『海部氏系図』を見ると、丹後海部氏の祖建振熊宿祢《たけふるくまのすくね》が、「若狭の木津庄で海部直の姓を賜り、国造として仕え奉る」との記述があり、また、『海部氏勘注系図』では、丹波・但馬・若狭の海人三〇〇人を率い、水主として仕え奉ったとあり、水軍の長であったことがわかる。日本海沿岸は丹後海部氏の勢力範囲と考えられ、また、強力な水軍が丹後にあったことがわかる。
⑤『海部氏系図』に記された人名は、「彦火明命」「倭宿祢命」「健振熊宿禰」とあるように、「命」「宿祢」の名称であったのが、応神天皇の時、海部直の姓を賜り、以降は、「海部直」となっている。

この時に臣下に落とされたものと考えることができる。
⑤大王的人物が海部氏の系図の中にいる。
⑥この海部氏系図の中に女王的人物が認められ、それは、『魏志倭人伝』のいう卑弥呼とトヨと考えられる。

以上のように、古代丹後一帯において、海部氏がいかに大きな勢力を持っていたかがわかる。その海部氏と邪馬台国、そして卑弥呼と邪馬台国の関係が次第に明確な史実として浮かび上がってくる。

六、邪馬台国はどこ？

古代における日本建国の原動力となったのはどこか。

卑弥呼のいた邪馬台国は、古代史最大の浪漫といえるが、弥生後期の時代に存在した倭国の女王卑弥呼がいた邪馬台国とはどこだろうか。

「邪馬台国」については、中国の歴史書『三国志』の中の『魏書』第三十巻『烏丸鮮卑東夷伝倭人条』を略称して『魏志倭人伝』と言われている記述の中で、当時日本列島にいたと思われる民族・住民の倭人の習俗や地理などについて書かれている。

『魏志倭人伝』は、日本で書かれたものではなく、中国で編まれた歴史書である。これは、二三三年から二九七年に生きた晋の陳寿《ちんじゅ》が書いたものである。しかし、これには元になったとされる書物があり、大半を『魏略』によったものであるとされている。さて、この『魏略』を書いたのが、魚拳《ぎょけん》という人物で、生没年不詳であるが、ほぼ、陳寿と同時代に生き、陳寿より数年ないし十数年前に没したということだ。また、『魏略』の原本は、滅びて伝わらず、逸文によって知られる。

その中の記述から推定すれば、もとは百余国あったといい、今、使訳通じるところが三〇国とある。その国は、もと男子をもって王としていたが、二世紀後半に騒乱が起き、卑弥呼という女子を共立することによってようやく混乱が治まったという。

二四八年頃、同じ倭人の国狗奴国《くなこく》との戦いの後に、卑弥呼が死去し、男王が後継に立てられたが混乱を抑えることができずに、「臺與《とよ》」が女王になることで治まったという。これが「邪馬台国」と「卑弥呼」「臺與」の概略である。

ところが、その邪馬台国の存在がどこで、卑弥呼と臺與がどこで生まれたかについてはさまざまに論議されるが、その確証がないままに来ている。

さらに不思議なことは、日本列島にあったとされる邪馬台国や卑弥呼について、書かれた資料が存在しないことで、日本に伝存する最古の正史と言われる『日本書紀』でさえ、巻第九の神功皇后の記述に『魏志倭人伝』の引用があるだけである。そうなると『日本書紀』がいったいどのような正史なのかという不安が生じる。『日本書紀』の曖昧さは別の機会に論じるとして、邪馬台国からヤマト王権の関係もはっきりしないことからも、ヤマト王権成立後八世紀前半に相次いで編纂された『古事記』と『日本書紀』では、『古事記』が歴代統治してゆくことの正統性を述べようとし、『日本書紀』が王権にとって都合の悪いことを隠蔽すべく、意図的な取捨・改竄が随所に行われたのではないかという批判をされているが、その批判もあながち間違いとは思えない。

『古事記』と『日本書紀』の正当性を主張し、意図的な取捨、改竄が行われたとすれば、「邪馬台国」の存在と統治者卑弥呼とトヨについて、他の資料から推測せざるを得ないのかもしれない。その他の資料は、すでに述べてきた伝説や神話、そして遺跡や出土品などの物的資料である。そして国宝『海部氏系図』ではないだろうか。

(1) 邪馬台国のたどった歴史

『魏志倭人伝』に書かれていることから、謎の邪馬台国がたどった歴史を見てみたい。

『魏志倭人伝』には、次のように書かれている。

①もと男子をもって王として、とどまること七、八十年。倭国乱れる。(注・倭国が乱れたのは、一七八年〜一八三年頃)

②卑弥呼が、共立され、女王となる。

③景初二年（二三八年）（景初三年の誤か）六月、倭の女王は、魏に朝貢する。
　二月　親魏倭王として金印紫綬、銅鏡、そのほか賜る。
④正始元年（二四〇）魏の使者梯儁《ていしゅん》ら、倭国にきて、倭王に拝仮（許されてまみえる）する。
⑤正始四年（二四三）倭王、二回目の朝貢。
⑥正始六年（二四五）倭の難升米、黄幢《こうどう》を賜う。（黄幢とは、軍の指揮に用いる黄色の旗。軍旗）
⑦正始八年（二四七）卑弥呼は、狗奴国の男王と、素より和せず。倭の載斯《さいし》・烏越《うえつ》等を遣わして、郡に詣り、相攻撃する状を説く。張政等を遣わし、よって、証書、黄幢をもたらし、難升米に拝仮せしめ、檄《さとしぶみ》をつくりてこれを告諭した。
（注・卑弥呼は、狗奴国の男王と、初めから、関係が悪かった。倭は、載斯・烏越等を遣わして、郡に詣り、相攻撃する状を説く。張政等を遣わし、よって、証書、黄幢をもたらし、難升米に拝仮せしめ、檄をつくりて告げ諭した。）
⑧卑弥呼、死す。さらに男王を立てたが、国中が服さない。
⑨卑弥呼の宗女トヨ年一三なるを立てて、国中ついに、定まる。
⑩張政ら、檄をもってトヨを告諭した。
⑪トヨは、倭の大夫ら二〇人を遣わし、張政らの帰るのを送らせた。魏の都洛陽の中央官庁に詣り、男女生口三十人を献上し、白珠五千孔、青大勾珠二枚、異文雑錦二十匹を貢した。

「正始六年（二四五）に、黄幢を賜った」ということは、「正始四年（二四三）倭王、二回目の朝貢」の時に、単なる儀礼的な朝貢ではなく、卑弥呼は、狗奴国の男王と、関係が悪かったため、この時に、すでに魏に助けを求めていた可能性がある。

そして、「正始八年（二四七）、卑弥呼は、狗奴国の男王と、初めから、関係が悪かった」とあり、この時、「倭は、載斯・烏越等を遣わして、帯方郡に詣り、相攻撃する状を説く」とあるように、救援してほしいと、訴えていることがわかる。

また、「張政等を遣わし、よって、証書、黄幢をもたらし、難升米に拝仮せしめ、檄をつくりて告げ諭した」とあるところから、この正始八年の時には、魏の軍使が、救援のために倭国に来て、難升米に証書、黄幢を与え、檄をつくり、告げ諭したことがわかる。

その後、卑弥呼は亡くなる（二四八年頃）が、亡くなるまでの間、狗奴国との戦いに備え、魏に救援を求めていたことがわかる。

そして、狗奴国は、難升米が軍旗をいただいたこと、魏の軍使がやってきたことで、魏の大軍がくるおそれを感じて兵を退かせたのであろう。

狗奴国との不和をのりきるために、卑弥呼は懸命に、倭国の女王として倭国に平和をもたらすための努力をやっていたのである。女王というものはたいへんである。

そうして、その後、トヨが女王として立つのである。

（2）「倭国」とはどんな国か

「倭人は帯方の東南大海の中にあり、山島に依りて、国邑をなす。旧《もと》百余国。漢の時、朝見するものあり。今、使訳通ずる所三十国」から始まる。

（現代語訳）
（訳は主に『新訂魏志倭人伝他三篇』石原道博編訳　岩波文庫を基にさせていただいた）

倭人は朝鮮半島の帯方（今の韓国ソウル付近）の東南の大海の中に住み、山島によって、国邑（諸侯の封地）をつくる。旧百余国。漢の時、朝見（臣下が天子に拝謁）するものがあり、今、使訳（使者と通訳）通ずる所は三十国である。

帯方郡から倭に到るには、海岸にしたがって水行し、韓国を歴《へ》て、あるいは南へ、あるいは東へ、その北岸狗邪韓国に行くのに七千余里。

始めて一海を度《わた》ること千余里で、対馬国につく。その大官を卑狗《ひこ》といい、副官を卑奴母離《ひなもり》という。居る所は、絶島の島で、四方は四百余里ばかり。土地は山が険しく、深林が多く、道路は禽鹿《きんろく》（鳥や鹿）の径のようだ。千余戸ある。良田はなく、海物を食して、自活し、船に乗って南北に市糴《してき》（米を買う）などする。

また、南一海を渡ること千余里、名づけて瀚海《かんかい》という。一支国につく。官を、また卑狗《ひこ》といい、副官を卑奴母離という。四方、三百里ばかり。竹木・叢林が多く、三千ばかりの家がある。やや田地があり、田を耕してもなお、食するに足らない。また、南北に行き、市糴などする。

また、一海を渡ること千余里で、末盧国につく。四千余戸ある。山海にそうて居住する。草木が盛んに茂り、歩いて行くと前の人が見えない。好んで魚や鰒を捕らえ、水は深くても浅くても、皆、もぐってとる。

東南に陸行五百里で、伊都国につく。官を爾支といい、副官を泄謨觚・柄渠觚という。千余戸ある。世ゝ王がいるが、皆女王国に統属する。郡使が往来し、常に駐《とど》まる所である。

東南奴国まで百里。官を兕馬觚《しまこ》といい、副官を卑奴母離という。二万余戸ある。

東行して不弥国まで百里。官を多模といい、副官を卑奴母離という。千余家ある。

南の投馬国に行くには水行二十日。官を弥弥《みみ》といい、副官を弥弥那利《みみなり》という。五万余戸ばかり。

南の邪馬壱（台）国に行くには、女王の都する所で、水行十日・陸行一月。官に伊支馬があり、次を弥馬升といい、次を弥馬獲支といい、次を奴佳鞮《ぬかて》という。七万余戸ばかり。

伊都国は、「世〻王あるも、皆女王国に統属す。郡使の往来常に駐まる所なり」と記されているところから、中国から来た使者はここに留まった場所であると考えられる。

また、「奴国」「不弥国」、「投馬国」を経て、「邪馬台国」に至るとある。そして、ここが「女王の都する所」とある。

また、次に、

（現代語訳）

女王国から北は、その戸数や道里はほぼ記載できるが、それ以外の旁国は遠くへだたり、詳しく知ることができない。

次に、斯馬《しま》国があり、次に、巳百支国あり、次に、伊邪国があり、次に都（郡）支国があり、次に、弥奴国があり、次に、好古都国があり、次に、不呼国があり、次に、姐奴《そぬ》国があり、次に、対蘇国があり、次に、蘇奴国があり、次に、呼邑国があり、次に華奴蘇奴《かぬそぬ》国があり、次に鬼国があり、次に、為吾国があり、次に、鬼奴国があり、次に、邪馬国があり、次に躬臣《きう》国があり、次に、巴利《はり》国があり、次に支惟国があり、次に、烏奴国があり、次に、奴国がある。これが女王国の境界の尽きる所である。

その南に狗奴国があり、男を王とする。その官に、狗古智卑狗がある。女王に属さない。郡から女王国までは、一万二千里。


倭国は「もと百余国」「いま、使訳（使者と通訳）の通じるところ三〇国」と『魏志倭人伝』の冒頭に記されている。

倭国とはどの範囲をいうのだろうか。

狗邪韓国から邪馬台国までが九国あり、斯馬《しま》国から奴国まで二一国書かれている。あわせて、三〇国となる。

また、狗邪韓国を入れないで、対馬国から邪馬台国までが八国、斯馬国から、奴国までで二一国とすると、あわせて二九国となる。

また、対馬国から邪馬台国までが八国、斯馬国から、奴国までで二一国だが、「奴国」という名前が二つでてくるため、重複しているとするならひとつ減らし、二十国となり、合計二八国となる。

狗邪韓国を倭国に入れるか入れないか、奴国を重複と見るか、別の国と見るかで倭国の範囲は微妙に変わる。

いずれにしても倭国とは、非常に広範囲であることは確かであり、その倭国の中に、女王のいた邪馬台国がある。

(3) 邪馬台国を探す

それでは、次に『魏志倭人伝』に書かれた国々の実際の場所をつきつめてみよう。

『魏志倭人伝』に書かれた国々の中で、邪馬台国と、投馬国についてはは特にさまざまな意見がある。しかし、対馬国から不弥国までは、ほぼ九州の中で異論はないようである。それにあてはまる場所、国は、表に示したとおりである。

戸数から見ると、邪馬台国は、七万余戸とあり一番多く、女王卑弥呼が存在して、倭国の中で最も強力な国であったことがわかる。

次が、投馬国で、五万余戸である。次が、奴国の二万余戸である。所在地でいえば、対馬国から不弥国までは、北九州の中にあり、それらを全部合わせると、ちょうど三万余戸となる。

まずは、『魏志』から、次のように整理する。

	比定地	戸　数	役　名	特　徴
帯方郡	韓国 ソウル付近			
狗邪韓国	韓国 金海付近			
対馬国	長崎県対馬	千余戸	大官 卑狗 副 卑奴母離	絶遠の島、四方四百余里。山が険しい。深林が多い。道路は鳥や鹿の径のよう。良い田はない。海産物を食べて自活。船に乗って南北にいき、米を買う。
一大国	長崎県壱岐	三千ばかりの家	官 卑狗 副 卑奴母離	四方三百里ばかり。竹木・叢林が多い。やや田地あり。南北に行き米を買う。
末盧国	佐賀県東松浦郡〜唐津市	四千余戸		山海にそうて居住する。草木茂る。魚、アワビを捕える。もぐってとる。
伊都国	福岡県糸島郡 二丈町〜前原市	千余戸	官 爾支《にき》 副 泄謨觚 柄渠觚	王がいるが女王国に統属す。郡使が往来し、常駐の場所。
奴　国	福岡県博多付近 須玖岡本遺跡あたり	二万余戸	官 兕馬觚 副 卑奴母離	
不弥国	福岡県糟屋郡宇美町か 各説あり	千余家	官 多模 副 卑奴母離	
投馬国	各論あり 出雲〜但馬か ほかに、鞆、玉名、妻、都万、三瀦、薩摩等各説	五万余戸	官 弥々 副 弥々那利	
邪馬台国	大和説、九州説 四国説ほか各論あり 筆者は、海人族の勢力範囲、主に丹後、大丹波説	七万余戸	官 伊支馬 次を 弥馬升 次を 弥馬獲支 次を 奴佳鞮	女王の都するところ。

（4）方角と里数

出発する国名	方　角	到着した国名	里　数
帯方郡 （韓国ソウル付近）	あるいは南し、あるいは東し	狗邪韓国	700 余里
狗邪韓国 （韓国　金海付近）	はじめて一海をわたる	対馬国	1000 余里
対馬国（長崎県対馬）	南へ一海をわたる	一大国	1000 余里
一大国（長崎県壱岐）	また一海を渡り	末盧	1000 余里
末盧国（佐賀県東松東南に陸行浦郡～唐津市）	伊都国 500 里		
伊都国（福岡県糸島郡二丈町～前原市）	東南	奴国	100 里
奴国（福岡県博多付近）	東行して	不弥国	100 里
不弥国（福岡県糟屋郡宇美町か）	南	投馬国	水行二十日
投馬国（出雲～但馬か）	南	邪馬台国	水行十日 陸行１月
邪馬台国（海人族の勢力範囲、主に丹後、大丹波説）			

＊帯方郡から邪馬台国は12，０００余里

邪馬台国にいたるまでの方角と里数、日数は上記表のようになる。

邪馬台国大和説の論者にとっての弱点としてあげられるのは方角である。「東」ならわかるが、「南」では大和の方角ではないというものだ。しかし、明の建文四年（一四〇二）に朝鮮で作成された『混一彊理歴代国都之図《こんいつきょうりれきだいこくとのず》』には、日本列島が南北に長く描かれている。それによれば、南の方角で良いという。また、九州説の論者にとっては距離が難点となる。邪馬台国に行くのに、「水行十日陸行一月」とあり、「一月」もかかっていたら、九州を飛び出してしまうから、ここは、「一日」の間違いではないかという。しかし、それに首肯するには難しいといえよう。

（5）里数から日数になっているのはなぜか

そこで、注目するのは、邪馬台国にいたるまでの距離の表記の仕方である。

不思議なことに、『魏志倭人伝』には、韓国の帯方郡から狗邪韓国、対馬国、一支国、末盧国、伊都国、奴国、不弥国、投馬国、そして、邪馬台国に到るうち、不弥国までは統一して「里数」で表しているのに対し、投馬国までと邪馬台国までは、「里数」で書かず、「日数」による表記をしている。

これはなぜだろうか。投馬国までと邪馬台国までの里数が書かれていないこと、ここに、『魏志倭人伝』の曖昧さがあるが、里数が記せないということは、記せない理由があったのだろう。

その理由のひとつとして考えられるのは、投馬国と邪馬台国以外は、ほぼ九州内に比定できるが、この二つの国に行くには、九州から海を渡らねばならず、遠くにあったからだと考える。

もう一つ考えられることは、投馬国も邪馬台国も人口が多い。ということは、その国の範囲が広く、はっきりと里数を書くことが困難であったのではないかと考えられる。つまり、水行や陸行で何日かかるというように、日数で表したほうが実情にあっていると判断されたのではないだろうか。

また、伊都国は、「郡使の往来常に駐《とど》まる所なり」とあるように、使いは、伊都国まできて、それ以降は、行かなかったから具体的な里数が書けなかったとも考えられる。

塚口義信氏は、「〝夷人《いじん》里数を知らず。ただ計るに日をもってす〟と伝える『隋書』の記事である。里数を知らない倭人は、行程で日数を計っているというのである。とすると、投馬国と邪馬台国までの行程についてのみ日数で記されている倭人伝の記事は、倭人から聞いた伝聞史料に依拠している蓋然性が高い」(『邪馬台国と倭女王卑弥呼』P72)と書かれている。

あるいは、行ってはいるが、使者の報告どおりには、編集されなかったのではないかなど、いろいろに考えられる。

邪馬台国の女王卑弥呼は、大きな倭国の女王である。

その倭国の女王たる卑弥呼が、魏の国に朝貢してくるのである。魏国からすれば、少しでも遠い所から朝貢に来るものがあるということのほうが、魏の力を大きく見せることにもなる。なおさらはっきりと書かず、遠方であるということが伝わればよかったのだとも考えられる。

このように、投馬国と、邪馬台国の所在については、日数で表記されたためにさらにわからなくなっている。

文献を読み解くには、記述されたことを重んじるのが当たり前であるが、一部に曖昧な記述があるとしたら、それも、考慮に入れるべきである。

「郡より女王国に到る萬二千余里」という表現がある。塚口義信氏によれば、「萬二千余里」という表現は、ほかの中国史書にもよくある表記の仕方で、邪馬台国がたいへん遠い所にあるという観念からでた里数であるとして、あまりあてにならないとしている。邪馬台国がはるか遠くにあるということを示した観念的な表現であると考えられる。

従って、「『魏志倭人伝』に出てくる里数や方角はともに信じられないのであって、この点を念頭に置いて考察しなければならないということである」(「講座・邪馬台国と倭女王卑弥呼」塚口義信)と書かれている。

また、考古学の寺沢薫氏は、『王権誕生』の中で、「たかだか二千字ほどの文献資料の文字だけに拘泥してあれこれいう時代はもう終わった。史料性の高い倭人伝記事に限定し、リアルタイムの証拠を次々に積み上げていくことのできる、考古学の最新の成果といかに整合するかという視点から、邪馬台国研究は新しい段階に進みつつあるのだ」と書かれている。

文字資料をもちろん軽微に扱っていいとは思ってはいない。資料は、やはり重要であることはいうまでもないことであるが、不明な点は、考古学的な資料と合わせてみていくことが大事であると考える。

(6) 日本海ルートできた魏使

投馬国と邪馬台国の二国については、いずれも、「水行」で辿り着くことができる国であると述べている。

それでは、魏使は、いったいどのコースをきたのであろうか。

今までの邪馬台国研究者の中で、笠井新也氏は、投馬国を出雲、邪馬台国を大和とし、敦賀に上陸して、陸行一月で大和に到着したという論を展開した。

また、山田孝雄氏は、同じく日本海ルートとし、但馬を投馬国とし、大和を邪馬台国とした。また、さまざまな論者により投馬国の場所については、①出雲、②但馬、③広島、④山口などある。

小路田泰直氏は、北條芳隆氏が魏の年号の入った紀年銘鏡から、魏使の邪馬台国に到る経路が、日本海経由であったことを明らかにされていることを書かれ、小路田氏も、魏使が日本海ルートで来たとしている。（『邪馬台国と「鉄の道」』P９０）』小路田氏は、魏の使いは、日本海側を通り、丹後もしくは若狭から大和へ陸路向かったとしている。また、投馬国を出雲としており、「投馬国から水行十日で到達するのは丹後半島の付け根付近（多分、天橋立付近）。ならばそこから大和まで行くのに一月かかっても、何もおかしくはない。あとは方向の問題が残るが、丹後から大和までは基本的に南行であるから、その問題も半分は解消する」と書かれている。

日本海ルートを船で水行してきた魏使にとって、広い投馬国の範囲の最初の港が出雲だった可能性はある。また、次に水行して辿り着いたのが、邪馬台国の港である丹後地域だったのではないか。

（7）投馬国と邪馬台国

ここで、『魏志倭人伝』の中の、投馬国と邪馬台国の表記に注目してみよう。

（現代語訳）

南の投馬国に行くには水行二十日。官を弥弥といい、副官を弥弥那利という。五万余戸ばかり。南の邪馬壹（邪馬台）国に行くには、女王の都する所で、水行十日陸行一月。官に伊支馬あり、次を弥馬升といい、次を弥馬獲支といい、次を奴佳鞮という。七万余戸ばかり。

とある。

投馬国・・・官を弥弥　副官を弥弥那利
五万余戸
邪馬台国・・女王の都するところ
官に伊支馬　次を弥馬升　次を弥馬獲支　次を奴佳鞮
七万余戸

さて、この『魏志倭人伝』の情報によれば、邪馬台国は、女王国であり、「伊支馬」が政治を司っていたという。また、投馬国の長官は、「弥弥《みみ》」であり、副官は、「弥弥那利《みみなり》」である。
天皇系譜の和風諡号を見ると、神武天皇は「ホホデミ」、綏靖《すいぜい》天皇は「カムヌナカハミミ」、安寧《あんねい》天皇は「タマテミ」など、いずれも「ミ、ミミ」がついている。また、但馬には、「フトミミあるいはサキツミミ」という人がいて、その娘は天日矛と結婚している。地名には、兵庫県豊岡市には耳井神社があり、丹後には、大耳尾古墳があり、若狭には、耳川や、弥美郷と呼ばれた所が残っている。これらは、古代海人族の勢力の範囲である。

こうした「ミミ」地名に注目すると、丹後、丹波、但馬のあたりは、投馬国であったという考えができるが、ミミに関する地名は、出雲のほうにも御津、三津などあり広がっている。

投馬国の候補地としては、出雲も注目する必要がある。各説あり一概に結論づけることはできない。

さて、邪馬台国時代の鉄器出土数について、石野博信氏は、丹後・丹波・但馬の「北近畿」地域が百だとしたら、大和・河内・山城などの「近畿中枢部」は、十〜二十にすぎないと、その差が著しいことを発表されている。これほどの違いがあるかと大いに注目する。

もしも、卑弥呼の時代に、丹後勢力と近畿中枢部が戦ったとしたら、どうなるであろうか。武器となる鉄器の多さでいえば、おそらく、邪馬台国時代の最有力国は、大丹波王国＝丹後王国であったと考えられる。

古墳の発掘からも丹後の古代には、女王がいたと思われる古墳が出土しており、邪馬台国＝女王国であり、女王国＝丹後であれば、邪馬台国＝丹後という図式が浮かぶ。

このように考えると、今まで古代丹波を、タンバートウマと考え、投馬国としていた考えがあるが、再考する必要はないだろうか。

投馬国については二通に考えることができる。

A・出雲を中心に但馬にかかるあたりの広い範囲が投馬国という考え方

ひとつは、投馬国の範囲も、広いのではないかと考えられることである。ミミに関わる地名等を見ると、但馬、丹波、丹後、また出雲方面まで広く分布している。また、投馬国の戸数が五万戸ということである。九州方面の国々の戸数を全部足しても三万戸にしかならない。

情報量が少ない中で、確定することは難しいが、出雲あたりを中心に但馬にかかるあたりの範囲が投馬国であろうとするものである。

B・古代丹波が投馬国

従来からの考え方で古代丹波（丹後、丹波、但馬）が投馬国とするものである。

弥生後期の有力国は、女王卑弥呼を擁立した邪馬台国である。九州地域や朝鮮半島とも独自に交易していた丹後を中心とする大丹波王国（＝丹後王国）は、まさに、最有力国であり、邪馬台国だった可能性が大きいと考える。

（8）「水行十日陸行一月」の解釈について

魏使がたどったのは、日本海コースで、海を渡って、投馬国につく。そこから、「水行十日陸行一月」で邪馬台国につくという。船による水路と、陸路を行くのだが、この「水行十日陸行一月」はどう解釈したらいいのだろうか。

「水行十日陸行一月」は、ふたとおりの解釈ができる。

A・「水行十日」そして「陸行一月」

B・「水行十日」もしくは「陸行一月」

である。

投馬国の位置にはいろいろな意見があると思うが、例えば出雲としたら、Aの場合は、「水行十日」して、さらに「陸行一月」することになる。

Aの読みかたをした場合は、「水行十日」で、邪馬台国の港丹後半島に上陸し、それから「陸行一月」でヤマトに到着すると考えられる。丹後海人族は丹後で建国し、さらにそのうちの一族が、古代にヤマトに入っていることを考えると、邪馬台国も丹後、丹波を中心に広くヤマトまで勢力が及んでいたと考えられる。

Bのように解釈すると、邪馬台国は、投馬国から「水行」でも行けるし、もしくは「陸行」でも行ける場所にあるということになる。投馬国について出雲を中心とした広い範囲を想定しているが、出雲を起点として、船による「水行」でも、「陸行」でも辿り着ける所は丹後半島である。

AとB、どちらの読みかたをしても、丹後半島は外せないということだ。

この丹後地域の邪馬台国時代について、次のように書かれている。『邪馬台国時代の丹波・丹後・但馬と大和』の中で、石崎善久氏が、赤坂今井墳丘墓（京丹後市峰山町）の中に、乳幼児の墓があり、その中にも鉄製品が埋葬されていたことを述べられ、「こういう乳幼児ですら、鉄製品を副葬されることが、この墓が有力な人の墓であることのひとつの左証」と書かれている。また、同書で、杉原和雄氏は、「日本海側では群を抜き、丹後がひとつの大きな政治勢力の拠点であることは確か」といわれ、「日本海側の有力者たちは海人集団を形成し、海を介して鉄素材や素環刀大刀あるいは鏡を入手した。」「弥生後期には北部九州や朝鮮半島と盛んに交流し、ガラスや鉄、鏡を手にいれた。」とあり、丹後半島が極めて、有力な国として存在していたことを述べている。

邪馬台国とは、弥生時代に倭国の中でも強力な国で、卑弥呼がいた女王国である。弥生時代に直接海外と交易をしていた強力な国こそ邪馬台国で、倭国のリーダーになることができた邪馬台国。九州地域や朝鮮半島とも独自に交易していた丹後を中心とする大丹波王国（＝丹後王国）は、まさに、最有力国であり、邪馬台国だった可能性が大きいと考える。

七、卑弥呼はいずこ？『魏志』の卑弥呼と『系図』の日女命

卑弥呼はどこにいたのか。

『魏志倭人伝』を手掛かりにして、次に丹後に所蔵される国宝『海部氏系図』を詳細に検討しつつ、卑弥呼とトヨを明らかにし、それによって邪馬台国がどこであったかを推察していきたい。

まず、『魏志倭人伝』ではどう書かれているのだろうか。

(1)『魏志倭人伝』の記す卑弥呼

『魏志倭人伝』によると、「邪馬台国に至る、女王の都する所」とあるように、邪馬台国には、女王がいた。

（現代語訳）

その国は、もと男子をもって王となし、留まること七、八十年。倭国が乱れ、互いに攻伐すること歴年、そこで、共に一女子を立てて王とした。卑弥呼という名である。鬼道につかえ、よく衆を惑わせる。年はすでに長大だが、夫婿《ふせい》はなく、男弟がいて、佐《たす》けて国を治める。王となってから、朝見する者は少なく、婢千人をみずから侍らせている。ただ男子一人がいて、飲食を給し、辞を伝え、居処に出入りする。宮室・楼観・城柵を厳かに設け、常に人がおり、兵器を持って守衛する。

卑弥呼のことを、「鬼道につかえ、よく衆を惑わす」とある。当時は、呪術社会であった。一番重要な要素は、王のそばに神託を告げる巫女がいたことである。海人族の中にも、必ず王のそばには神託を授ける巫女がいたであろう。そして、巫女の中でも一番優れた力を持った巫女の中の巫女王がいたと考えられる。そして、その力を頼る諸国の王たちが結束して女王として共立したのが卑弥呼であろう。

倭国の大乱を鎮めるためには、卑弥呼が共立されたが、それは卑弥呼の巫女としての能力が優れていたということであっただろうが、卑弥呼を擁立した氏族の力が強力であったからであろう。

（現代語訳）

景初二年（二三八年）（三年の誤りで二三九年の説あり）六月、倭の女王が大夫の難升米等を遣わし、（帯方）郡に詣り、（中国の）天子の所に詣って朝献するよう求めた。太守（郡の長官）劉夏は、吏（役人）を遣わし、京都まで送らせた。その年の十二月、詔書（みことのりを記した書）で、倭の女王に報じていうには、親魏倭王卑弥呼に制詔（天子の命令）を下す。帯方の太守劉夏が、使いを遣わし、あなたの大夫難升米・次使都市牛利を送り、あなたが献じた男生口四人、女生口六人、班布（木綿の布、さらさの類）二匹二丈を奉って到来した。あなたの在所ははるかに遠いが、そこで使いを遣わして貢献した。これはあなたの忠孝であり、私は甚だあなたをいとしく思う。今、あなたを親魏倭王（魏に親しい倭国の王）となし、金印紫綬（紫のくみひも）を仮りに与え、装封（つめてとじる）して帯方の太守に付し、仮りに授けさせる。あなたは、種人を安んじいたわり、勉めて孝順をせよ。あなたの来使、難升米・牛利は、遠路をはるばるまことにご苦労であった。今、難升米を率善中郎将となし、牛利を率善校尉となし、銀印青綬を仮りに与え、引見労賜（ねぎらって物を賜う）し、遣わし還す。

今、絳地《こうち》（あつぎぬ）交竜錦（二頭の竜を配した錦の織物）五匹、絳地の縐粟罽《すうぞくけい》（ちぢみ毛織物）十張、蒨絳《せんこう》（あかね色のつむぎ）五十匹、紺青（紺青色の織物）五十匹でもって、あなたが献じた貢物の値に答える。

又、特にあなたに、紺地句文錦（紺色の地に句ぎりもようのついた錦の織物）三匹、細班華罽《さいはんかけい》（もようを細かくまだらにした毛織物）五張、白絹（もようのない白い絹織物）五十匹、金八両、五尺刀二口、銅鏡百枚、真珠、鉛丹おのおの五十斤を賜い、みな装封して難升米・牛利にわたす。還り到着したら目録どおり受け取り、ことごとく、あなたの国中の人に示し、国家（魏）があなたをいとしく思っていることを知らせよ。故に、丁重にあなたに好物を賜うのである。」と。

卑弥呼は、「親魏倭王」の称号をもらい、たくさんの絳地（あつぎぬ）や、交竜錦などの織物などをもらった。

また、特に、紺地句文錦や白絹、また、金八両、五尺刀を二口、銅鏡を百枚、真珠、鉛丹おのおの五十斤を賜った。

そして、みな装封して難升米・牛利にわたすから、還り到着したら受け取って、あなたの国中の人に、魏の国家があなたをいとしく思っていることを知らせよ、というたいへん立派な詔をいただいたのであった。ここでは、古代に男性よりも統率力を発揮したまさしく女王の姿が浮かび上がる。

（現代語訳）

卑弥呼が死んだ。大きな冢《ちょう》を作った。直径百余歩、殉葬する者は、奴婢百余人。さらに男王をたてたが国中が服さない。お互いに誅殺しあい、当時千余人を殺した。

また、卑弥呼の宗女壱与（台与か）という年一三のものを立てて王とすると、国中がついに平定した。

『魏志』に書かれているように、女王卑弥呼の栄華の時代、女王トヨの栄華の時代があった。これを整理すると次のようになる。

①その国、もと男子をもって王となし、住まること七、八十年。倭国は乱れ、相攻伐して年を歴る。乃ち、共に一女子を立てて王となす。名づけて卑弥呼という。

②鬼道につかえ、よく衆を惑わす。

③年はすでに長大であるが、夫婿なく、男弟があって、佐けて国を治めている。

④王となってから、見たものは少なく、婢千人をみずから（自身）に侍らせている。

⑤ただ男子が一人あって飲食を給し、辞を伝え居処に出入りしている。

⑥宮室、楼観、城柵を厳かに設け、常に人があって、兵を持って守衛している。

⑦その年十二月、詔書で倭の女王に報じていうには、『親魏倭王卑弥呼に制詔する。帯方郡の

太守劉夏は、使いを遣わし、汝の大夫難升米、次使都市牛利をおくり、あなたが献じた男生口四人、女生口六人、班布二匹二丈を奉じて到らしめた。今あなたを親魏倭王となし、金印紫綬を与える。装封して帯方の太守に付し、仮授させる。

⑧いま、絳地（あつぎぬ）、交竜錦（二頭の竜を配した錦の織物）五匹、絳地の縐粟罽《すうぞくけい》（ちぢみ毛織物）十張、倩絳（あかね色のつむぎ）五十匹、紺青（紺青色の織物）五十匹でもって、あなたが献ずるところの貢物の値に答える。

⑨又、特にあなたに、紺地句文錦（紺色の地に句ぎりもようのついた錦の織物）三匹、細班華《さいはんか》罽《けい》（もようを細かくまだらにした毛織物）五張、白絹（もようのない白い絹織物）五十匹、金八両、五尺刀二口、銅鏡百枚、真珠、鉛丹おのおの五十斤を賜う。

⑩みな装封して難升米・牛利にわたす。還り到着したら受け取り、あなたの国中の人に示し、国家（魏）があなたをいとしく思っていることを知らせよ。故に丁重にあなたに好物を賜うのである、と。

⑪正始元年（二四〇年）、……倭王は、使いによって上表し、詔恩に答謝した。

⑫その四年（二四三年）、倭王はまた使いに大夫の伊声耆、掖邪狗等八人をつかわし、生口・倭錦・絳青縑《こうせいけん》（赤と青のまじった絹織物）・緜衣・帛布（絹布）・丹・木弣・短弓矢を上献した。

⑬その八年（二四七年）、……倭の女王卑弥呼は狗奴国の男王卑弥弓呼とはもとから不和であっ

た。……郡は張政らをつかわした。

檄《ふれぶみ》をつくって、攻め合うことのないように告喩した。
⑭卑弥呼が死んだ。大きな塚をつくった。直径百余歩、殉死する者は奴婢百余人であった。
⑮さらに男王をたてたが、国中が不服だった。お互いに誅殺しあい、当時千余人を殺しあった。
⑯また卑弥呼の宗女壱与（台与か）という年一三のものをたてて王とすると国中が平定した。

これらを読むと、三世紀、外交が上手で、鬼道で人心を掌握した女王により国が治められていたことがわかる。

（2）卑弥呼の活躍した時代

卑弥呼の活躍した時代というのは、二世紀後半から三世紀前半である。

卑弥呼は、倭国大乱後、女王として共立されている。倭国大乱は、『梁書』などが、「霊帝光和中……」と記したところから判断すると、霊帝光和中とは、一七八年～一八三年である。このころに、卑弥呼が何歳で共立されたかはわからないが、女王となったのである。

トヨが一三歳で女王となったというので、卑弥呼も同年代で女王となったと仮定してみよう。

そうすると、一八三年は、卑弥呼一三歳となる。これを基準にすると、卑弥呼は、百七十年頃に生まれたことになる。

次に、卑弥呼が没したのはいつか。狗奴国と激しい戦いをしたのが二四七年で、その翌年の二四八年ではないだろうか。その後、トヨが一三歳で女王となる。このように考えると、卑弥呼が生きた時代は、一七〇年から二四八年となる。あくまでも推定であるが、およそ七八歳まで生きたと考えられる。ちなみに、二三九年親魏倭王の金印を賜ったのは卑弥呼六九歳の時となる。『魏志倭人伝』に卑弥呼が、「既に年長大であった」と言うくだりと符合する。

こうして卑弥呼の生きた時代を想定すると、卑弥呼が生きた一七〇年頃から二四八年までの時期で、これは弥生後期の時代になる。このころの遺跡を広く比較検討してみると、どこが一番繁栄していたかがわかる。すなわち、考古学の資料を集めてみると、この二世紀末から三世紀初めの頃は、丹後の発掘成果が他の地域を押さえて最も繁栄していたといえる。

(3) 卑弥呼の後継者　宗女トヨ

倭国は、もとは男王が治めていたが、倭国大乱後、女王として長く君臨した卑弥呼であった。卑弥呼の死後は、さらに男王を立てたが、戦乱が続き、そこで、卑弥呼の宗女トヨが王となった。

（現代語訳）

卑弥呼の宗女（同族の女）壱与（台与）という年一三のものを立てて王とすると、国中がついに平定した。政等は、檄をもって壱与（台与か）を告諭した。壱与は、倭の大夫率善中郎将掖邪狗等二十人を遣わし、政等の還るのを送らせた。よって、台（魏都洛陽の中央官庁）に行き、男女生口三十人を献上し、白珠（白い珠）五千孔、青大勾珠二枚、異文雑錦（あやを異にしたあらい錦4）二十匹を貢した。

トヨは、『魏志倭人伝』に、「卑弥呼の宗女壱與」と書かれた人物である。「壱與」となっているので、「イヨ」と読む説がある。しかし、『梁書』や『北史』には「臺與」と記されている。「臺」を「ト」と読み、「臺（台）與」は「トヨ」と読む説をとる。

『魏志倭人伝』には、トヨは、

①卑弥呼の宗女であること。

②卑弥呼が死んだのが、二四八年頃（推定）で、その後、男王が立ったが治まらなかったので、一三歳のトヨが女王になって治まった。

ということが書かれている。

宗女とは、「同宗の女。王女」（『大漢和辞典』）とある。「宗族」を「父の一族」または、「一族」とある。「宗子」は、「本家を嗣ぐ子、嫡長子、同族の子」をいう。

宗女とは、祭祀を継承した本家筋にあたる女性を言うのであろう。ということは、卑弥呼とトヨは同じ一族であることは間違いない。卑弥呼が誰かがわかれば、その一門にトヨがいる。トヨが誰かとわかれば、その一族に卑弥呼はいるのだ。

卑弥呼没後、トヨが女王になった。女王トヨの誕生は二四九年と推定する。

また、トヨの年齢は、『魏志倭人伝』の記録を参考に、卑弥呼の死（二四八年）の翌年二四九年に一三歳で女王になったと仮定すると、次のようになる。

（『魏志倭人伝』をもとに推定）

二三七年　　　　　　　　　　　　　　　　（トヨ　一歳）
二三九年　卑弥呼、親魏倭王の金印授かる。（トヨ　三歳）
二四七年　倭の女王卑弥呼は狗奴国の男王卑弥弓呼と交戦。（トヨ　一一歳）
二四八年　卑弥呼死す。男王立つも治まらず。（トヨ　一二歳）
二四九年　トヨ　一三歳で女王。（トヨ　一三歳）
二六六年　倭の女王、西晋に遣い貢ぐ。（トヨ　三十歳）

卑弥呼の同族で祭祀を引き継いだトヨという女性は、倭の女王として君臨した。しかし、トヨが何歳まで生きたかは不明である。

『魏志倭人伝』には、卑弥呼のあとを継いだ宗女壱与が、「生口三十人を献上し、白珠五千孔、青大勾珠二枚、異文雑錦二十匹を貢す」とある。ここでいう「白珠」とは、真珠という説があるが、丹後で加工している水晶だったのではないかと想像する。

(4) 卑弥呼とトヨがいた海部氏の系図

「卑弥呼」とは、「ひみこ」と呼ばれる人がいるという耳から聞いた情報である音に、当て字をいれたものであろう。しかも、「卑」は、「卑しい」という字であり、ここには、「いやしい」とか「おとる」の意味が含まれており、どこから見ても好感の持てる字とはいえない。

本来は、「ひ・み・こ」であり、「ひ」は、「日」であり、「みこ」は、「巫女」あるいは「御子」「神子」であろう。日の巫女、日の御子、日の神子、いずれにしても固有名詞ではなく、普通名詞と考えられる。まさに、神の託宣を述べ、倭国全体を平和に導くための巫女としての高い能力を秘めた、輝く「日」の巫女であったに違いない。

さて、海部氏の『海部氏勘注系図』の中に「日女命《ひめのみこと》」という人物が登場する。この「日女命」は、「HIRUMENOMIKOTO」（ひるめのみこと）と置くと、ここからは、「Hi・mi・ko」「ひ・み・こ」あるいは、「Hi・me・ko」「ひ・め・こ」が導き出される。この普通名詞には、誰が該当するのだろうか。

国宝『海部氏勘注系図』の中に、「九世孫妹、日女命」と「十一世孫妹、日女命」という二人の「日女命」がある。

『海部氏勘注系図』の九世孫に「意富那比命《おほなびのみこと》」とあり、妹として、「日女命」とある。そこに、亦の名「倭迹々日百襲姫命《やまとととひももそひめのみこと》」「一云う、千々速日女命」「一云う、日神」「亦名、神大市姫命」とある。

また、もう一人は、十一世孫小登與命の妹として「日女命」と記されている。そこには、亦の名「稚日女命《わかひるめのみこと》」とあり、さらに、「亦の名　小豊姫命《おとよひめのみこと》」とある。ほかにも、「亦名　豊秋津姫命《とよあきつひめのみこと》」「亦名　宮簀姫命」「亦名　日神荒魂命」「一云、玉依姫命」とある。また、「一云、向津姫」とある。「向津姫」とは撞賢木厳之御魂天疎向津姫《つきさかきいつのみたまあまさかるむかつひめ》で、瀬織津姫《せおりつひめ》である。

亦の名がたくさんあるから混乱しそうだが、「日女命」という普通名詞では、いったい誰のことなのかわからない。それを示しているのが、この「亦の名」「一云」の表記なのだ。

十一世孫の妹「日女命」の別名にある「稚日女命《わかひるめのみこと》」は、『日本書紀』で、アマテラスの別名を「稚日女命」としてでてくる。また、「小豊姫命」は、トヨに通じるのではないか。「豊秋津姫」は天押穂耳尊《あめのおしほみみのみこと》の妻であり、すなわち、海部氏の祖神彦火明命の母君にあたる神格である。ここにも、「トヨ」の音が含まれている。

九世孫の妹の「日女命」は、「日神」とある。「日の神」、これが卑弥呼にあたると考えられる。倭の女王卑弥呼は太陽神であり、その宗女として一族の祭祀を継ぐのがトヨである。すなわち、『海部氏勘注系図』に記された九世孫の妹「日女命」が卑弥呼で、十一世孫の妹「日女命」がトヨと考えられる。

二世紀末から三世紀初頭、日本海沿岸で勢力を持っていたのが、海人族による大丹波王国で、卑弥呼はそうした一族に生まれ、大きな勢力のシンボル的存在であったと考えられる。ヤマト政権の基礎を築いた大丹波王国の中に卑弥呼が存在したのではないかと考えるのである。

『海部氏勘注系図』の「日女命」の部分

始祖彦火明命──兒天香語山命──孫天村雲命──三世孫 倭宿禰命──四世孫 笠水彦命──五世孫 笠津彦命──六世孫 建田勢命──

七世孫 建諸隅命──八世孫 日本得魂命─┬─九世孫 乙彦命 亦名・彦國玖琉命

妹・日女命 亦名・中津姫命 亦名・倭迹迹日百襲姫命 一云、千千速日女命 一云、日神

（卑弥呼か？）

亦名神大市姫命

└─九世孫 意富那比命──十世孫 乎縫命──十一世孫 小登與命──十二世孫 建稲種命──

妹・日女命 亦名・稚日女命

亦名・小豊姫命

（トヨか？）

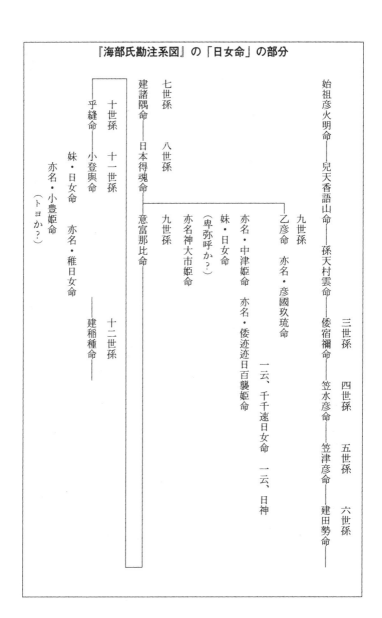

八、邪馬台国の条件と丹後

邪馬台国はどこだろうかと、『魏志倭人伝』や『海部氏系図』や、『古事記』『日本書紀』をひもとき、また、遺跡や伝承などから考えていくと、丹後地域という所が、有力な候補地のひとつとして浮き上がってきた。こうしたことから、あらためて、卑弥呼のいた邪馬台国の場所を特定していくための条件として、次の四つをあげてみた。

①海を制することができたのはどこか。

②鉄を制したのはどこか。

③弥生後期に、文化が一番進んでいたのはどこか。

④巫女王がいた女王国はどこか。

ということである。

（1）邪馬台国の条件Ⅰ　海を制することができたのはどこか

『魏志倭人伝』には、倭国の風俗が書かれているが、海に関わる暮らしをしていたことがわかる。

（現代語訳）

①男子は大小の区別なく、みな顔や身体に入れ墨する。

②倭の水人は好んでもぐって魚やはまぐりを捕え、身体に入れ墨をして大魚や水鳥の危害をはらう。

③その行来や渡海、中国に行くにはいつも、一人の男子に、頭をくしけずらず、しらみがわいてもとらず、衣服は垢で汚れ、肉を食べず、婦人を近づけず、喪人のようにさせる。これを持衰《じさい》という。もし行くものが吉善であれば生口や財物を与えるが、病気になり、災難にあえば、これを殺そうとする。その持衰が不謹慎だったからというのである。

倭の女王卑弥呼は、中国の天子の所に大夫である難升米《なしめ》や次使である都市牛利を遣わしているが、彼らは海を渡って行かねばならない。広大な海を渡るためには、まず、航海を可能にする大きな船を造る技術を持ち、その船を作る技術者を束ねる力もあり、航海術にも長けていただろう。

また、航海には、天文にも秀でている必要がある。他国との交流に必要な語学力もあり、製塩、養蚕、農耕、織物などにも秀で、そして戦いとなれば、強力な水軍となったであろう。

こうした能力を持った氏族とは古代海人族である。国宝『海部氏系図』からは、強力な水軍であった丹後海人族が浮かび上がる。

邪馬台国の第一の条件、海を制するものとは海人族であり、その海人族の本貫は丹後半島にある。

（2）邪馬台国の条件Ⅱ　鉄を制したのはどこか

次に、王としての力である。弥生後期の時代、最も国際性豊かで、大きな力を有した海人族こそ、当時の大王ではなかっただろうか。何によってその勢力を強めることができたかといえば、それは鉄でないだろうか。鉄を制したものが当時一番力を持ったと考える。

『古事記』には、「大縣主」という表現が二箇所ほどでてくるが、そのひとつは、開化天皇の時代の「旦波の大縣主　由碁理」である。この「由碁理」とは、「湯凝り」で、製鉄に関係した人物、鍛冶王と考えられる。

弥生後期に鉄が多く出土するのは、九州である。しかし、ひとつの王墓から、十一本の鉄剣がでてきたのは丹後の大風呂墳墓（与謝野町岩滝）である。このことから、鉄を制し、一番強力な大王がいた所が丹後地域だということがいえる。

（3）邪馬台国の条件Ⅲ　弥生後期に、文化が一番進んでいたのはどこか

赤坂今井墳丘墓、大風呂南墳墓などからの出土物に見るように、弥生時代の丹後の考古学的資料を見ると、丹後の弥生の王墓からでてくるおびただしいガラス、玉類などは、当時の大和の墳墓にはないものである。貿易立国として、当時一番栄えていたのが丹後地域と考えられる。

（4）邪馬台国の条件Ⅳ　巫女王のいた女王国とはどこか

女性が単独で葬られている古墳は、全国でもわずかしかないが、古墳時代前期末から中期前葉にかけての遺跡である大谷古墳（京丹後市大宮町）は、熟年の女性がただ一人葬られていたことから、女王の墓であろうといわれる。また、赤坂今井墳丘墓（京丹後市峰山町）の二番目に大きな墓は女性墓であろう。古代において、丹後地域には女性の有力者がいたことが遺跡からも証明されている。

また、丹波道主命の子、ヒバス姫とその姉妹たちが垂仁天皇の皇妃となったことが『古事記』『日本書紀』からもわかる。しかも、そのくだりは、サホヒコの反乱から始まり、サホヒメによる皇妃推薦により、ヒバス姫たちが選ばれたのであるが、このことで、神祀りをし、巫女王となるためには、丹後の血脈の女性でなければならなかったことがわかる。そして、垂仁天皇とヒバス姫の子である倭姫命は、伊勢神宮の内宮と外宮を創祀された齊宮となっている。

また、国宝『海部氏勘注系図』の中に、「日女命」の名前がある。系図の中にでてくる女性名というものは、祭祀に関わるような重要な存在であった女性が書きとどめられたと考えられる。丹後の地理や考古学的な状況と、国宝『海部氏系図』『海部氏勘注系図』の分析から、その中に記された二人の「日女命」が卑弥呼とトヨであると考えられる。卑弥呼が丹後で生まれ育ち、またその本家筋にあたる宗女トヨも『海部氏勘注系図』にいると考えてきた。

こうしたことから、丹後地域に巫女王の伝統があること、女王国であったと考えられるのである。

このように邪馬台国の四つの条件の妥当性が高いのは丹後地域であると考えられる。

①海を制することができたのは、強力な海人族、水軍のいた丹後である。

②弥生後期、ひとつの墓に一番多くの鉄剣を埋葬していたのが丹後で、王の力が強力であり、

鉄を制していたのは丹後である。

③弥生後期に、文化が一番進んでいたと考えられるのは、丹後の弥生の王墓からでてくるおびただしいガラス、玉類が証明する。これらは、当時の大和にはないものであり、貿易立国として、当時一番栄えていたのが丹後と考えられる。

④邪馬台国は女王国である。巫女王の系譜をたどれる丹後である。

また、邪馬台国は、水行して行ける場所にあり、日本海ルートを魏使がきたなら、その邪馬台国の港は、丹後が一番適切であるといえる。前述したように、卑弥呼の時代にひとつの墓に鉄剣を大量に埋葬できるほどの実力のある王がいたのは丹後である。

こうしたことから、卑弥呼の時代は、丹後の国力は最高であり、魏の使いは、日本海ルートを通り、丹後を邪馬台国とみなしていたと考えられる。そして、少なくとも邪馬台国の港であると解していたと考えられる。

大きな倭国の中の女王国である邪馬台国は、丹後地域を中心とする大丹波王国にあったと考える。

さらに、邪馬台国への道のりを、「水行十日陸行一月」と表現されていたことに注目する。「水行十日」もしくは、「陸行一月」と読めば、丹後半島に上陸で、邪馬台国は丹後となる。

また、「水行十日」さらに「陸行一月」と解釈すると、丹後半島に上陸して、さらに陸行してヤマトに向かったと考えると、邪馬台国はヤマトとなる。

しかし、こう解釈した場合でも、古代のヤマトは、丹後海人族が進出しているため、大丹波王国の勢力の及ぼす範囲となる。

丹後海人族は丹後でまず建国し、さらにそのうちの一派が、古代にヤマトに入って建国していると考え、大丹波王国の拠点は、丹後にあるが、その大丹波の勢力は広くヤマトにまで及ぼしていると考える。それは、すなわち、邪馬台国が丹後地域を中心にあり、その及ぼす勢力がヤマト方面まで広がっていたということである。

また、次の大和政権がヤマトに築かれていく過程を考えると、初期の邪馬台国の中心は、丹後地域にあり、後期の邪馬台国の中心はヤマトに遷り、それが次の大和朝廷に連続していったと考えられる。

倭国の女王となった偉大なる女性卑弥呼の故郷は丹後であり、海部氏系図に生きている。

邪馬台国への道

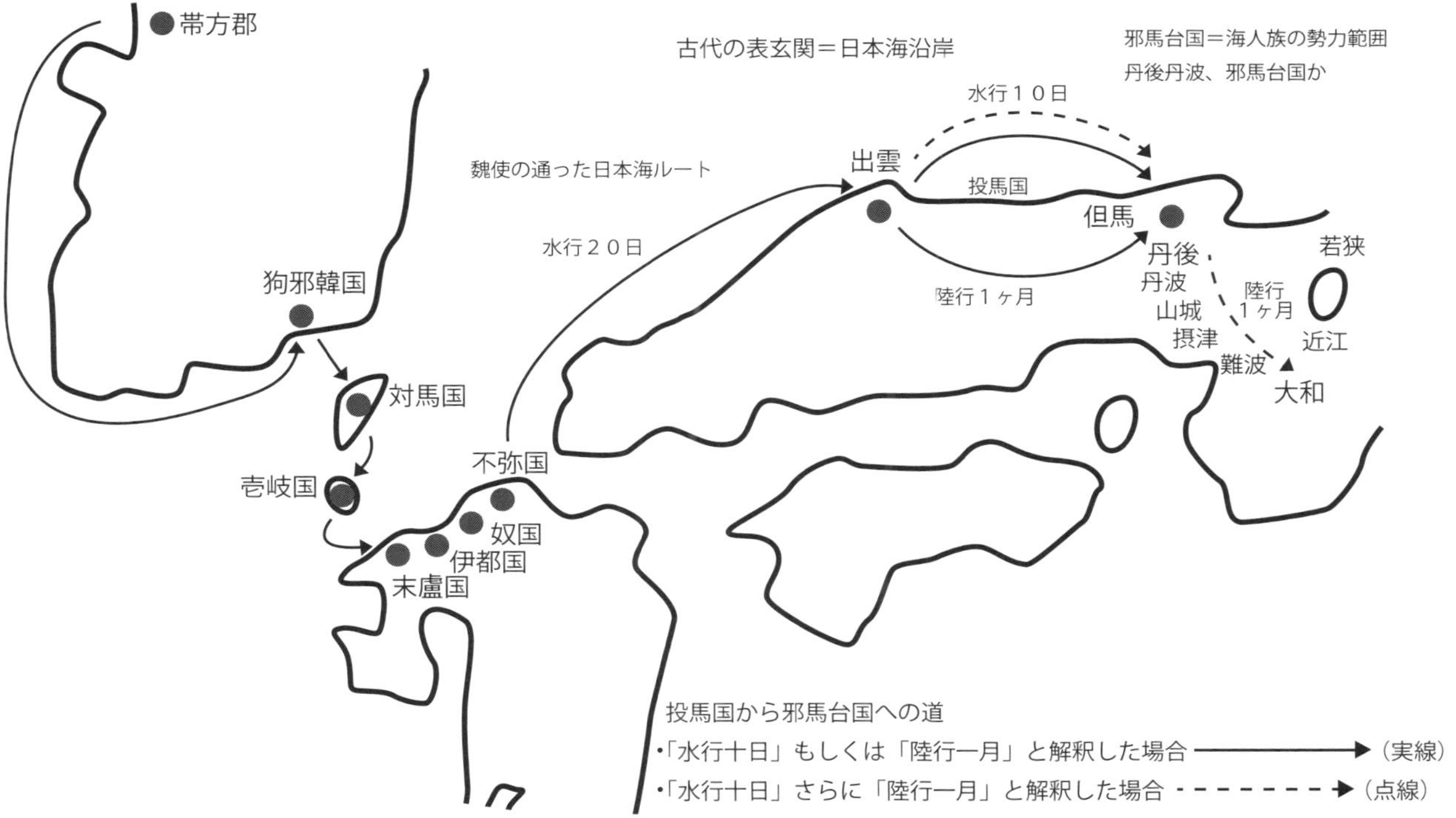
帯方郡
古代の表玄関＝日本海沿岸
邪馬台国＝海人族の勢力範囲
丹後丹波、邪馬台国か
水行１０日
魏使の通った日本海ルート
出雲
投馬国
但馬
水行２０日
丹後
丹波
山城
摂津
難波
大和
陸行
１ヶ月
若狭
近江
陸行１ヶ月
狗邪韓国
対馬国
壱岐国
不弥国
奴国
伊都国
末盧国
投馬国から邪馬台国への道
•「水行十日」もしくは「陸行一月」と解釈した場合（実線）
•「水行十日」さらに「陸行一月」と解釈した場合（点線）

九、高貴な女王がいた丹後王国

邪馬台国と卑弥呼について歴史的な事実を推測すればひとつの疑問がでてくる。それは卑弥呼という女性の支配者がいたかどうかである。というのも、日本の歴史は特殊な場合を除いて支配者に女性がなるのは稀有であった。たとえ社会が母系制であっても、権力の中枢には男子がいて、通常はその周辺の女性については記録さえ残されていない。

しかし、邪馬台国が丹後で、卑弥呼の故郷が丹後であるとすれば、丹後には、女性の支配者が登場する素地があった。丹後は気高い女王の伝統がある地、まさに女王国だったといえよう。

(1) 竹野姫の父は旦波の大縣主由碁理

開化天皇の妃になった竹野姫についてはほとんど書かれていないが、丹後のお姫様で、一番初めに天皇の妃になったのは、第九代開化天皇の妃となった竹野姫である。竹野姫の父は、旦波の大縣主で由碁理《ゆごり》という名である。

古代の丹後が、倭国の先進地帯で、その大きさ、強力さは、『古事記』が告げる「旦波の大縣主由碁理」の存在によってわかる。それは、『古事記』『日本書紀』を見渡しても、「縣主」に「大」がつくのは開化天皇の時代はこの由碁理だけだからである。

「縣とは、大和朝廷時代の諸地方にあった皇室の直轄領をいい、縣主とは、その縣の支配者である」(『広辞苑』)とある。このように見てみると、現在でいえば、県知事クラスのようなものといえようか。

「大縣主」といわれた人物はもう一人いる。それは、もっとあとの時代の雄略記に登場する「志幾の大縣主」である。この志幾の大縣主については、雄略天皇が日下を通り河内にいった時、堅魚木をあげ舎屋を作っている家があるとして、とがめた話がでてくる。それは、「天皇の舎に似せて作っている」ということからだ。この逸話からは、天皇の屋形に匹敵するほどのものが作れる、また、そこに住めるほどの力を持ったものが大縣主だったとわかる。

ユゴリとは鉄の精製に関連する言葉で、由碁理は鍛冶王だと考えられる。『古事記』によれば、竹野姫はこうした「旦波の大縣主由碁理」を父とし、開化天皇を夫に持ち、しかも、比古由牟須美王《ひこゆむすみのみこ》という男子を生んでいる。

一方、『日本書紀』には、この彦由産隅命の子に丹波道主命がいるとする一伝がある。丹波道主命の子には、垂仁天皇の皇后となった比婆須比売《ひばすひめ》や朝廷別王《みかどわけのみこ》がいる。そのため、「旦波之大縣主由碁理―竹野比売の兄弟あるいは夫―比古由牟須美王―丹波道主命―朝廷別王」となり、五代にわたる男王があったことがあげられ、これが、丹後王国があったといえる理由のひとつである。

また、十一代の垂仁天皇には、丹波道主命の娘たちが多数、皇后や妃になっていることから、このころの時代に、丹波系が非常に大きな勢力としてあったということが認められる。

では、それがいつごろの時代か、ということを考えてみたい。忘れてはならないのは、この開化天皇、崇神天皇、垂仁天皇たちの時代が、まさに、古代国家の黎明期ともいえる重要な時期であるということだ。そして、古代は、母系社会であり、女性の生まれた家に、男性が入るという形であったということを考えると、この時代、竹野姫や次に述べる比婆須比売の存在は大きい。

また、第十代崇神天皇は和風諡号をミマキイリヒコ、第十一代垂仁天皇はイクメイリヒコというように、「イリ」がついている。垂仁天皇は、丹後のお姫様であるヒバス姫姉妹を全部妻にした天皇である。もしかしたら、「イリ」がついているのは、丹後系の勢力の中に入ってきた人物といえるのではないだろうか。

皇室の歴史を記した『古事記』『日本書紀』は、あとから作られたものであって、古代に本当に大きな力を持っていたのは、「旦波の大縣主」と記された「由碁理」ではなかっただろうか。「由

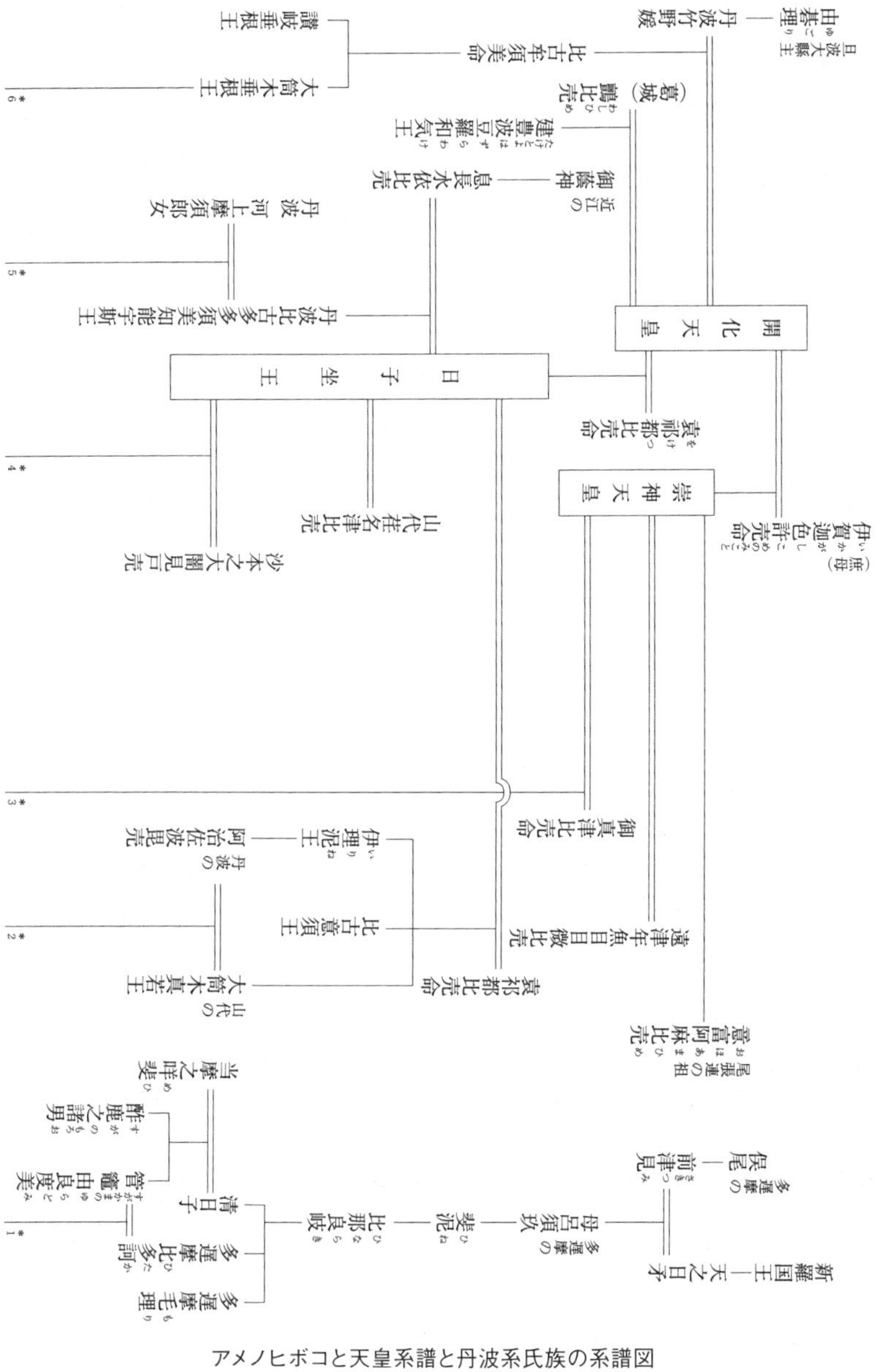

アメノヒボコと天皇系譜と丹波系氏族の系譜図

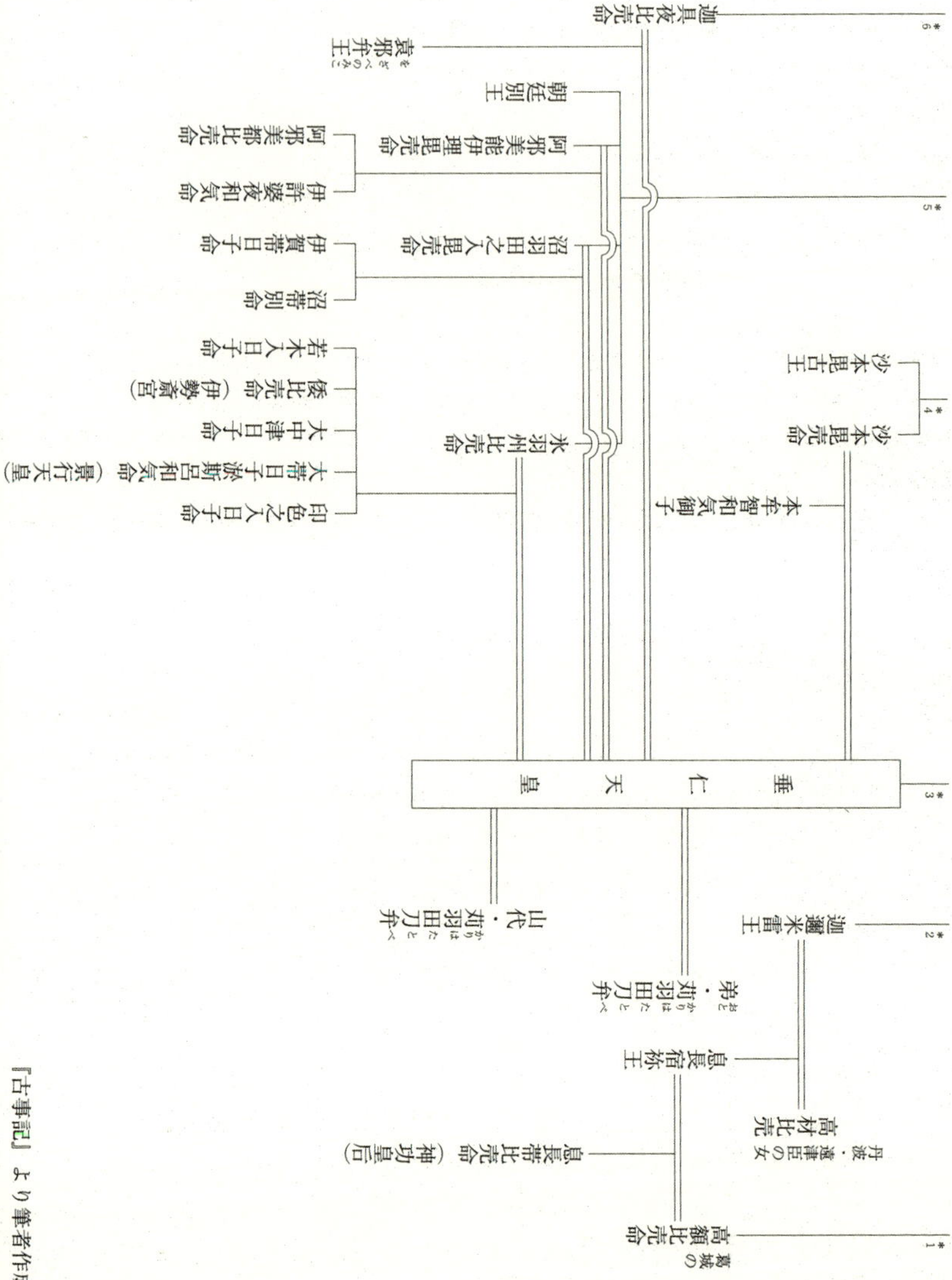
*6
迦具夜比売命
袁邪弁王《をざべのみこ》
朝廷別王
阿邪美能伊理毘売命
阿邪美都比売命
伊許婆夜和気命
*5
沼羽田之入毘売命
伊賀帯日子命
沼帯別命
若木入日子命
倭比売命（伊勢斎宮）
大中津日子命
大帯日子淤斯呂和気命（景行天皇）
印色之入日子命
氷羽州比売命
沙本毘古王
*4
沙本毘売命
本牟智和気御子
*3
垂仁天皇
山代・苅羽田刀弁《かりはたとべ》
*2
迦邇米雷王
弟《おと》・苅羽田刀弁《かりはたとべ》
息長宿祢王
丹波・遠津臣の女
高材比売
息長帯比売命（神功皇后）
*1
葛城の
高額比売命

『古事記』より筆者作成

碁理」のいた所、それは、日本海沿岸に位置する丹後である。

（2）垂仁天皇の皇妃に推薦された比婆須比賣命とその姉妹

丹後の姉妹が皇紀に推薦されるくだりは『古事記』『日本書紀』の中でも有名である。

垂仁天皇の先の妃沙本毘賣《さほひめ》は兄沙本毘古《さほひこ》に垂仁天皇を殺すように言われながら果たせず、兄と共に炎の中で死ぬのであるが、そのような緊急事態に垂仁天皇は沙本毘賣に次に誰を妃とすればよいのかと問う。

沙本毘賣は「日波比古多多須美智宇斯王《たにはのひこたたすみちのうしのみこ》（丹波道主命）の女《むすめ》、名は兄比売《えひめ》、弟比売《おとひめ》、浄き公民《おほみたから》なり。使ひたまふべし」と答えている。

皇統にとって妃となる女性は丹後国の系統でなければならない必然性があったのだろうか。丹後に勢力を持った海部氏、丹波氏、日下部氏は同族と思われるが、航海に優れ、水の呪儀を行い水を治め水の信仰に関して最高権威を持つ氏族であった。

古代丹後に、五代にわたる男系竪系図が復元できることは先に述べたが、五代と言えば、約百年から百五十年くらいの間で、この間に、巨大な力を有した王国があったと言える。

古代日本の表玄関で、文化受容の窓口であった丹後王国は、内陸に位置する大和国にとって最も重要な地理的環境である。

また、比婆須比売の姉妹を妃にしたくだりを見ると、逆に、垂仁天皇（イクメイリヒコイサチノミコト）が、丹後王国に入《い》り婿《むこ》したとも考えられる。兄弟に朝廷別王《みかどわけのみこ》という名の男王がいるが、この名も何か意味ありげである。

地域の首長縣主《あがたぬし》の中でも「旦波《たには》の大縣主」と記されるに値する当時の丹後の勢力は、相当の力を持っていたと推測される。古代母系社会において、外戚となるとはどういうことか、すなわち、それは、本流ということではなかろうか。

このように、丹後に関わる女性は、女王ないしはそれにつぐ高貴な人たちである。垂仁天皇が妃沙本毘賣に、次の妃を誰にしたらいいのかと尋ねると、丹波道主命の娘たちがいるので、それを迎えるようにいったのはなぜなのか。どうして、丹後王国の姫君でなければならなかったのだろうか。

それは、巫女王のいる国が丹後王国だったからであり、すなわち、それが大王家だったからだ。

（3）王国を彩った姫たち

古代丹後の女性に注目してみると、天皇の皇后や妃になった人物がいる。また、特定の伝承を持つ女性をあげてみよう。

竹野媛

竹野姫は、旦波の大縣主由碁理の娘。開化天皇の妃となり、皇子彦湯産隅命を生む。大縣主由碁理を父に持つ娘として、重要な地位にいたことがわかる。竹野媛を祀る竹野神社は、旧竹野郡丹後町（現・京丹後市丹後町）にある。

川上麻須郎女《かわかみのますのいらつめ》

川上麻須郎女は、旧熊野郡久美浜町川上（現・京丹後市久美浜町）に本拠を置く豪族の娘。丹波道主命と結婚し、後の、垂仁天皇の皇后や妃となる娘たちを生む。父にあたる川上麻須の本拠地は京丹後市久美浜町須田で、館跡は、シモ山と、衆良《すら》神社付近の二説ある。また、衆良《すら》神社には、川上麻須と須佐之男を祀る。久美浜町にある芦高神社は、川上麻須郎女の墓と伝承されている。妙泉寺の裏にある二段造りの丘陵には、王屋敷があったといわれ、丹波道主命がやってきて、川上麻須の娘を娶《めと》り、芦原の王屋敷に館を構えたと伝承されている。

比婆須比賣命

比婆須比賣命は、丹波道主命と川上麻須郎女の娘で。垂仁天皇の皇后となった。景行天皇の母となる。伊勢の斎宮となった倭姫命の母である。

比婆須比賣命と姉妹たち

比婆須比賣命と姉妹たちは、書物等によって、名前や人数に相違があるが、比婆須比賣命が垂仁天皇の皇后で、姉妹はいずれも、垂仁天皇の妃となっている。

ア・『古事記』(開化記)・・・・・・・・比婆須比賣命《ひばすひめ》
真砥野比売命《まとのひめ》
弟比売命《おとひめ》

イ・『古事記』(垂仁記)(后妃皇子の条)・・氷羽州比賣命《ひばすひめ》
＊男性　朝廷別王《みかどわけのみこ》
沼羽田之入毘賣命《ぬわたのいりひめ》
阿邪美能伊理毘売命《あざみのいりひめ》

ウ・『古事記』(垂仁記)(后妃推薦の条)・・兄比賣《えひめ》

弟比賣《おとひめ》

エ・『古事記』（垂仁記）（婚姻の条）・・・・比婆須比売命《ひばすひめ》

弟比売《おとひめ》

歌凝比売命《うたごりひめ》（本国に帰される）

圓野比売命《まとのひめ》（本国に帰される）

オ・『日本書紀』（垂仁紀）・・・・・・・・日葉酢媛《ひばすひめ》

淳葉田瓊入媛《ぬわたにいりひめ》

眞砥野媛《まとのひめ》

薊瓊入媛《あざみにいりひめ》

竹野媛《たかのひめ》（本国に帰される）

伽具夜比売《かぐやひめ》

伽具夜比売は、曾祖母が由碁理の娘竹野媛で、父は大筒木垂根王である。

倭姫命《やまとひめ》

倭姫命は、比婆須比賣命と垂仁天皇の娘で、伊勢大神宮を祀る。

丹波能阿治佐波毘売命

丹波能阿治佐波毘売命は、伊理泥王の娘。山城の大筒木真若王と結婚する。

このように、「竹取物語」の主人公「かぐや姫」も『古事記』に登場し、その系譜をたどれば曾祖母が丹後の竹野媛である。倭姫命は、伊勢神宮で天照大神を最初に祀ったが、この姫の母は丹後の比婆須比賣命である。古代史の中で、重要な特筆すべき女性が生まれたのが大丹波王国（＝丹後王国）である。

（4）丹後の姫は醜いから返されたのではない

天皇と結婚し、皇后や妃になった丹後の美しい女性たちの話がある中で、その容姿が良くないということで、故郷に返された姫がいる。垂仁天皇の妃となった人である。

『古事記』では歌凝比売《うたごりひめ》命と圓野比売《まとのひめ》命が本国に帰されている。

『日本書紀』では、竹野媛《たかのひめ》が本国に帰されたとある。いずれも醜かったからだとして、返されたことを羞じて、帰される途中に輿から落ちて自殺している。そのため、その地を「おちくに」として、乙訓《おとくに》という地名のいわれになっている。

いずれも垂仁天皇の妃となった姫たちだが、返された姫の名前が『古事記』と『日本書紀』では違っている。『日本書紀』のほうの竹野姫という名は、開化天皇の妃となった竹野姫と同名でまぎらわしい。わざとまぎらわしくして、開化妃となった竹野姫までが返されたような錯覚を抱く。しかし、それが『日本書紀』のねらいだったのかもしれないとは、考え過ぎだろうか。

開化妃となった竹野姫は、竹野神社（京丹後市丹後町）に祀られている。地元伝承では、開化天皇の妃として仕えていたが、年老いて郷里である竹野に帰ってきて、天照皇大神を祀ったのが竹野神社の始まりと伝えられている。ここでは、醜いから返されたとはなっていないが、晩年年老いて帰ってきたという話は通じるところがある。

こうした伝承があるが、はたして、古代丹後国の鍛冶王由碁理の娘として女王的存在であっただろう竹野姫は、そもそも嫁いでいったり、帰ってきたりとしていただろうか。当時は、母系社会だったと考えると、古代王国であった丹後に、むしろ入ってきたのが男性のほうであったのではないだろうかともいえる。従って、竹野姫が晩年丹後にいたとしたら、返されたのではなくて、もともとずっとそこにいたとも考えられる。

しかし、それが、大和中心史観に侵され、大和にいったが晩年帰ってきたと伝承されるようになったのではないだろうか。

垂仁妃の竹野姫も、「返された」と、さらに丹後の姫は「醜いから」返されたというおまけまでつけて記すことによって、大和朝廷の優位性を打ち出し、丹後全体を貶めようとしたのではないだろうか。

『古事記』『日本書紀』を編纂した当時の大和朝廷は、高貴な女性たち、女王の伝統がある古代丹後の実力と栄華の影を必死になって消したかったように思える。

(5) 女王が眠る丹後の古墳

はっきりと女性の王が眠っていたとわかるのは、大谷古墳(京丹後市大宮町)である。

古墳時代前期末から中期前葉(五世紀前半)の墳長三二メートルの帆立貝式前方後円墳から、四十代の女性の人骨が発見され、単独埋葬であることから女王墓であることがわかった。

また、副葬品として、捩文鏡《ねじりもん》、鉄剣、勾玉、鉄斧、ガラス玉三三点が納められていた。三種の神器とされる、鏡、剣、玉がそろっていることから、竹野川上流一帯の初代首長の墓といわれる。

全国的にも古墳から単独で女性の骨が見つかったというのは、向野田古墳(熊本県、古墳中期、前方後円墳)、長瀬高浜遺跡一号墳(鳥取県、古墳中期、円墳)など全国で五例ほどしかなく希少である。

弥生時代の墳墓で女性だろうとされるのが、赤坂今井墳丘墓(京丹後市峰山町)で二伴目に大きな墓である第四主体部で、ここからは、見事な弥生の勾玉管玉で作られた冠が出土している。

丹後は気高い女王の伝統がある地、まさに女王国だったといえよう。その点から考えれば、卑弥呼という女王が君臨していたと考えられる。

十、邪馬台国論争はまだまだ終わらない

卑弥呼の時代、トヨの時代を経て、その後、大和でも大きな古墳が築かれていき、古墳時代に入っていく流れの中で、中心は大和に移ったと考える。すなわち、丹後から大和までの大きな邪馬台国は、初期段階は、海のある丹後に中心があり、後期は大和に中心を置き、邪馬台国からヤマト政権へ連続して移行していったと考えられる。

丹後地域は、全国に分布する海部郷の中でも、強力な海人族のいた拠点であり、貿易立国で偉大な勢力を誇ったであろうことが、考古学的にも立証され、国宝『海部氏系図』からは、強力な水軍があったであろうことを偲ばせる記述があり、丹後海人族の存在が浮き彫りにされる。さらにその『海部氏勘注系図』には、「日女命」という人物の記述が二箇所にあり、それは、巫女王卑弥呼、そして、トヨにあたると考察している。

また『古事記』や『日本書紀』の記録には、古代に天皇の皇后や妃になったという丹後の女性

の伝承が多く残されている。古代は、呪術社会であり、国を治める王のそばには、神託を述べる巫女がいたということである。丹後は、巫女王の伝統を持つ所であると考える。

そのように考えると、巫女王卑弥呼がいた所は強力な海人族のいた丹後であろう。

国宝『海部氏系図』『海部氏勘注系図』の研究は、丹後海人族が丹後から大和へ進出していったことを示唆してくれる。

これは、まず丹後で建国した海人族は、次に大和に進出し建国をするということだ。では、なぜ大和に入っていったのか。それは、地理的に海岸沿いより安全性が高いと考えられるのが大和であったからだろう。また、日本海ルートだけでなく、瀬戸内ルートと、どちらも状況によって使い分けることができる場所が大和であり、そこに都を置くことが倭国を強力にすることであったからだと考える。

それにしても、まずは丹後が元であることは間違いないだろう。さらに、ヤマトの基礎を創ったのも、丹後海人族であり、大きな範囲の大丹波王国（＝丹後王国）があったと考えている。その点からヤマトの故郷は丹後であるといえよう。

当然、日本海側の丹後から、琵琶湖のある近江、また山城、大和等を含む大きな範囲を往来し、そこが、広義の意味の大邪馬台国であり、「倭国」の中心だったと考える。倭国は九州方面まで含むと考えられる。その倭国の中心となるのが、大丹波王国（＝丹後王国）である。

その中でも、考古学的見地から見て、時の経過によって、邪馬台国の中心の移動があったと私は考える。初期の邪馬台国は、丹後に、後期の邪馬台国はヤマトと考える。次の古墳時代に入るとヤマトには大きな古墳が築かれ、ヤマト政権が誕生していく。邪馬台国はこうして、ヤマト政権に連続していくと考えられる。

いずれにしても、日本海に面した丹後地域は、良港を有する邪馬台国の中心であったと考える。江戸時代頃から活発に湧きあがってきた邪馬台国論争がこれで終結して、邪馬台国は丹後にあったと決められるわけではないが、邪馬台国丹後半島説、そして卑弥呼の故郷は丹後だったという説を補強するさまざまな歴史的資料がある。

(1) 帥升は丹後の王か

安帝（後漢第六代、一〇七〜一二五在位）の永初元年（一〇七）に倭の国王帥升《すいしょう》らが、生口百六十人を献じ、請見（面会を求める）を願ったと、『後漢書』倭伝に記されている。卑弥呼が親魏倭王となし、金印を賜るおよそ一三〇年前に、倭に王がいて、しかも多くの生口を献上していることがわかる。

丹後半島には、紀元前から、王墓とみなされる遺跡がある。紀元前二世紀から紀元前後にあたる弥生時代中期中葉から後半にあたる方形貼石墓で丹後の初の王墓かといわれるのが、与謝野町明石にある日吉ヶ丘遺跡である。その墳丘の規模は、長辺約三三メートル、短辺約一七〜二二メートル、高さ二・五メートルである。墳墓の規模は、同時期のものと比べると、吉野ヶ里遺跡(佐賀県)についで全国三番目であること、大きな墳墓に葬られた人は一人であり、そこからは碧玉製の管玉や緑色凝灰岩製管玉が確認され、朱がまかれていた。同時代の難波野遺跡も宮津市にある(前述)。

京丹後市久美浜町の箱石浜遺跡からは、中国の新(八〜二三年)の時代、王莽が一四年に鋳造された貨泉が出土している。『漢書』の「王莽伝　下」には「東夷の王は、大海を渡り、国の珍を奉る」とある。

また、弥生時代中期の奈具岡遺跡からは、全国で最古最大といわれる水晶の工房跡が見つかった。そろばん型やなつめ型など精巧に加工された水晶の珠は、当時の先進的技術によるものであり、製品化され貿易にも使われていただろう。いち早く海を渡り朝鮮半島から鉄を獲得し、ハイテク技術を駆使し加工し製品化したもので交易をし、財力を蓄え、権力を握った王がいたことが想像される。

弥生時代後期後半(二〇〇年前後)の与謝野町岩滝の大風呂南一号墳からはガラス製の釧(腕

輪）がほぼ完全な形で出土した。また、同時期の京丹後市峰山町の赤坂今井墳丘墓からは、勾玉、管玉で作られた弥生の頭飾りが出土した。

倭の国王帥升は、丹後にいた可能性もあるのではないだろうか。

（２）近江の遺跡の重要性

丹後の遺跡からは、海人族の国があったこと、海外との交流も日本海ルートで栄えていたと考えられるが、同時に忘れてはならないのが近江の遺跡である。

弥生後期の遺跡の状況から見て、また、地理的に、日本海沿岸という古代の表玄関であること、海人族が古代の雄であったと考えられ、丹後丹波、いわゆる古代丹波国の重要性に注目しているが、同族として連合していたと考える国のひとつが、近江である。

弥生の近江の遺跡で特に注目するのは、熊野本遺跡である。

平成一〇年に発掘された熊野本遺跡は、新旭町の西部に広がる饗庭野台地の中央よりやや南よりで、弥生中期後半から後期にかけての土器が出土した高地性集落で、軍事的正確をもった集落だろうといわれる。

緑色凝灰岩の剥片が出土しており、玉づくりが行われていた可能性があり、日本海岸地域との交流の拠点集落だったと考えられる。多数の青色のガラス玉出土。また、鉄ぞく、やりがんなどの鉄製品、鉄素材が出土。弥生時代中期後半に日本海岸地域を通じて流入されている。土製模造鏡が一点出土。鏡による祭祀を行っていた可能性あり。弥生土器も、製作の特徴が、日本海岸地域の影響が認められるという。

滋賀県新旭町の熊野本遺跡からは、七四一個のガラス玉が出土した。これらのガラスは、丹後の大風呂古墳から出土したガラス釧（くしろ）（腕輪）と成分が同じ可能性がある。また、副葬品の中には琵琶湖でとれないはまぐりがあり、日本海沿岸との交流が深かったことを表している。丹後の三坂神社遺跡のガラス玉と大和の唐古鍵遺跡のガラス玉とが同一のもので、ここに、丹後、丹波、山城、大和のクリスタル・ロードがあったと考えらえる。

国宝『海部氏系図』からは、日本海側をおさえた海人族が、その優れた航海技術や先進技術をもって、次第に内陸部へ勢力を広げた丹後王国の存在や、さらに前ヤマト政権を掌握する大和への道が浮上するのだが、まさしく、考古学の視点からも、日本海沿岸から近江を経て、内陸部へと移動する日本海ルートが見える。

丹後、若狭の日本海沿岸から、近江の新旭町へ、そこから水路、琵琶湖を船でわたり、守山市栗東市あたりの近江湖南に上陸し、そこに大型建物を建てて、祭祀を執り行ったのだろうか。

近江は、交通の要衝であり、物資と情報の交差点である。そして、この地から、さらに山城へ大和への道が開けていったと思える。車という交通手段を持たなかった古代において琵琶湖は水上交通の利点が高く評価できる。

初期ヤマト政権成立前夜、物資や情報の供給ルートのひとつに、古代、勢力を持った海人族により、丹後から近江の琵琶湖を通り、内陸部へと入ったであろう道が見える。

新旭町の熊野本遺跡からも明らかであるが、紀元前一～二世紀段階では、滋賀県湖西部と若狭あたりは一体であったという評価もあるように、丹後・若狭・近江についてはヤマトへの道筋として、古代往来が深く、海人族がその文化の担い手であったと考えている。

(3) 伊勢遺跡は卑弥呼の母の時代か

近江の遺跡に注目する理由がもう一つある。それは、伊勢遺跡である。

伊勢遺跡は、守山市伊勢町から阿村町に広がる、弥生時代後期(二世紀後半)のもので、さまざまな形式の大型建物が、十三棟も確認された。建築様式から伊勢神宮のルーツとも目される貴重なものといわれる。この伊勢遺跡からは、神体山、近江富士といわれる三上山が目の前に見える。これほど多くの大型建物が見つかった所はほかになく、邪馬台国の時代に有力なクニであったと考えられる。居住範囲は、東西七百メートル、南北四百五十メートルと推測される。

当時、発掘を担当された伴野氏は、報告書の中で、「弥生後期の鉄の流入などから推測される北近畿ルート及び日本海ルートにおける近畿及び東海地域との交流の結節点としての近江」「近江が若狭や丹後を介して、中国や朝鮮半島との交流の玄関口として近江が大陸文化を受け入れる位置にあった」「日本海沿岸から近江、近畿、東海へ結ぶ鉄の供給ルートを弥生時代後期に想定されるようになった」「受口状縁甕に代表される近江型・近江系土器が、山城、摂津、河内、丹後、丹波、若狭、伊賀、伊勢、尾張など近畿・東海・北陸各地にもたらされている」「初期ヤマト政権成立前夜に物資の交易、集積を介して近江が東西の日本の接点として、弥生時代後期後半題において重要な役割を担っていたと考えることができる」と報告されている。「近江型・近江系土器の分布範囲は、大丹波王国の範囲とほぼ似通っている。

近江は、織田信長が安土城を立て天下統一を夢見た所であり、それには、交通の要衝であることがあげられるが、弥生後期においてもそうであるといえる。遺跡からも地形からも重要な位置にある近江、そこにある伊勢遺跡は重要である。

さて、『海部氏勘注系図』の研究から海部氏の「九世孫、日女命」と「十一世孫、日女命」という二つの「日女命」のうち、九世孫の妹の「日女命」は、「日神《ひのかみ》」とあり、これを卑弥呼にあたると比定した。また、十一世孫小登與命の妹の「日女命」をトヨにあたると比定した。

卑弥呼と目した「九世孫、日女命」のひとつ上の代、すなわち父親の代にあたるのは、系図で見ると八世孫の日本得魂命である。

日本得魂命は、『先代旧事本紀』によれば、「八世孫、倭得玉彦命、この命は淡海国谷上刀婢《たなかみとべ》を妻となし、一男を生む」とある。ここから、日本得魂命の妻が近江の女性であるということがわかる。「一男を生む。」としか書かれていないが、九世孫の妹の「日女命」が卑弥呼としたら、その母の代は、近江の谷上刀婢《たなかみとべ》であるという可能性が考えられる。

日本海沿岸の古代丹後に拠点を置いた海人族が、穀物生産能力の高い近江の国の女性と婚姻を結んだとしてもありえることだ。

しかも、近江の守山市から出土した伊勢遺跡は、二世紀頃の遺跡で卑弥呼の活躍する前の時代に該当するといわれている。

伊勢遺跡と、『先代旧事本紀』と『海部氏勘注系図』から、卑弥呼の母は近江の人という可能性もある。

(4) 卑弥呼の金印はどこに

金印といえば、「漢委奴国王《かんのわのなのこくおう》」と刻まれた志賀島《しかのしま》で発見された金印を思い浮かべるが、中国から金印を送られたという話は、二回ある。

ひとつは、『後漢書』東夷伝に、次のようにある。

「建武中元二年、倭の奴国、奉貢朝賀す。使人自ら大夫と称す。倭国の極南界なり。光武、賜うに印綬を以てす」

建武中元二年とは、後漢光武帝の年号で、西暦五七年である。倭の奴国が貢を奉じて朝賀した。使人はみずから大夫と称した。倭国の極南界である。後漢第一代の光武帝（二五年〜五七年在位）は印綬を賜うた、とある。

この印綬が、志賀島で発見された金印「漢委奴国王」と考えられる。天明四年（一七八四）二月二三日、福岡県東区志賀島の叶崎《かなのさき》で百姓甚兵衛が、段々畑の横の溝を修理するため、二人で石を抱えあげたら、そこから金印がでてきたというものである。

「天明四年志賀島村ノ百姓甚兵衛金印掘リ出シ候ニ付キ口上書」が残り、志賀島の村方三役が連署した添え書きをつけ、郡役所に提出した書類からわかる。

金印は、甚兵衛から郡役所にわたり、黒田領主の家宝となり、現在、福岡市博物館に所蔵されている。

金印の大きさは、一辺二・三センチの方形で、蛇をかたどったつまみ鈕《ちゅう》がついている。

そして、もうひとつが、『魏志倭人伝』にでてくる卑弥呼のいただいた金印である。

景初二年（三年の誤りで二三九年の説あり）六月、倭の女王は、大夫の難升米等を遣わし、帯方郡（後漢のすえ公孫康が設けた朝鮮半島に置かれた郡）に詣り、中国の天子の所に詣りて朝献することを求めた。その年十二月には、魏は倭の女王に、「今、あなたを親魏倭王となし、金印紫綬を与仮し、装封して帯方の太守に付し、仮授せしむ」とある。

「親魏倭王」とは、魏に親しい倭国の王の意であり、こうした文字が刻まれた金印が、卑弥呼の金印といわれるものである。しかし、これはまだ見つかっていないので、この金印が出土したら大発見となろう。また、邪馬台国の位置もほぼ決定するであろう。

この金印は、装封されて卑弥呼のもとに届けられる。

装封とは、贈り物の箱を装封（つめてとじる）して、紐の上に粘土を押し、印を押す。こうすることを封泥《ふうでい》という。たくさんの織物や絹や金や刀、銅鏡百枚、真珠、鉛丹などみな装封して難升米・牛利にわたす。還り到着したら受け取り、あなたの国中の人に示し、魏の国家があなた（卑弥呼）をいとしく思っていることを知らせよといわれ、卑弥呼は、たくさんのものを賜った。

たくさんの贈り物は、卑弥呼のもとまで届いて初めて封泥が割られたと考えられる。

卑弥呼のいただいた金印、もしくはこの時の封泥が見つかれば、卑弥呼がいた場所が確定しよう。

海を渡って帰ってきた使者たちは、どの港に帰ってきたのか。どこで卑弥呼に手渡しし、封泥が解かれ、金印を手にしたのか。それは、丹後だったのではないか。

(5) 銀印を賜った難升米と都市牛利

「魏志」倭人伝には、七回難升米の名がでてくる。

(難升米の登場する所)

1　景初二年(三年の誤りで二三九年の説ありか)六月、倭の女王、大夫の難升米等を遣わし、(帯方)郡に詣り、(中国の)天子の所に詣りて朝献することを求めた。

2　その年十二月、倭の女王に報じて曰く、「親魏倭王卑弥呼に制詔(天子の命令)す。帯方の太守劉夏は、使いを遣わし、汝の大夫難升米・次使都市牛利を送り、あなたが献じた男生口四人、女生口六人、班布二匹二丈を奉じて到る。汝がある所はるかに遠きも、乃ち使いを使わして貢献す。これ汝の忠孝、我れ甚だ汝を哀れむ。今、あなたを親魏倭王となし、金印紫綬を仮し、装封して帯方の太守に付し、仮授せしむ。

3　汝が来使、難升米・牛利、遠きを渉り、道路勤労す。

4 今、難升米を以て率善中郎将となし、牛利を率善校尉となし、銀印青綬を仮し、引見労賜（ねぎらって物を賜う）し遣わし還す。

5 又、特にあなたに、紺地句文錦三匹、細班華罽《さいはんかけい》五張、白絹五十匹、金八両、五尺刀二口、銅鏡百枚、真珠、鉛丹おのおの五十斤を賜う。みな装封して難升米・牛利にわたす。

6 正始六年（二四五）、倭の難升米に、黄幢《こうどう》（軍の指揮に用いる黄色の旗。軍旗）を賜い、郡に付して仮授せしむ。

7 その正始八年（二四七）、太守王頎《おうき》、官（役所）に到る。倭の女王卑弥呼は、狗奴国の男王と、素より和せず。倭の載斯・烏越等を遣わして、郡に詣り、相攻撃する状を説く。塞曹掾史張政等を遣わし、よって、証書、黄幢をもたらし、難升米に拝仮せしめ、檄をつくりてこれを告諭す。

二三九年六月に、倭の女王の使者として、大夫の難升米等が遣わされ、帯方郡に詣って、中国の天子の所に詣りて朝献することを求め、その年十二月、卑弥呼は親魏倭王として、金印紫綬を送られることになった。これも、大夫難升米・次使都市牛利の活躍による。また、難升米は、使者とはいえ、率善中郎将となり、牛利は率善校尉となり、銀印青綬を賜ったというのもその働きがいかに認められたかということと身分的にも高い位にあった人物と思われる。織物や銅鏡などの卑弥呼への賜りものをみな装封して難升米・牛利に渡された。

また、正始六年（二四五）には、倭の難升米に、黄幢を賜っている。また、正始八年（二四七）には張政等が遣され、証書、黄幢をもたらし、難升米に拝仮せしめ、檄をつくりてこれを告諭したとある。

こうしてみると、『魏志』によれば、二三九年から二四七年までの九年間、倭国の女王のために一番重要なポストについていた人物が難升米であることがわかる。

卑弥呼が金印をいただいただけではなく、使者である大夫難升米・次使都市牛利も銀印を賜っている。

都市牛利をつしごり、あるいはとしごりと読めるが、「ごり」という音からは、同人とはいわないが、旦波の大縣主由碁理《ゆごり》を思い出す。難升米も都市牛利も単なる使者ではなく、卑弥呼の右腕か親族であったのではないだろうか。となれば、航海に長け、水軍を率いることができた海人族の一員であるのはむろんのこと海部氏一族の重要な幹部的人物であると考えられる。

十一、赤坂今井墳丘墓に眠るのは誰か

(1) 弥生時代最後を飾る王が眠る全国一の墳墓

赤坂今井墳丘墓（京丹後市峰山町赤坂）は、古墳時代が始まる直前の時期、すなわち弥生時代終末期の三世紀前半の頃の墳墓といわれる。方形墳墓で弥生時代の墳墓としては全国で最大級ということだ。しかも、丹後勢力が一番独自性を示した弥生の王墓である。すでに墳墓の山側が削られているので、もう少し大きいと考えられている。いずれにしても、全国的に一番あるいは一番のグループにいることは間違いないということだ。

このように弥生時代最後を飾る人物が眠っていて、しかも、当時全国一の墳墓である。しかも、発掘されたのがその墳墓の中で二番目に大きな埋葬施設であり、出土した副葬品が見事な勾玉管玉で作られた冠であった。墳墓のまん中にはさらに大きな埋葬施設があるがそれは残念ながら発掘されていない。つまり、それ以上に貴重な出土物がでる可能性は当然ある。これが開いた時には、日本史の暗部に鮮やかな光が差し込むだろうが、誠に残念である。

平成一二年に発掘され、すでに十数年の歳月がたってしまったが、当時の新聞は、第一面に「弥生末期〝王族〟の頭飾り」「勾玉、管玉、弥生の頭飾り――峰山、赤坂今井墳丘墓で出土、王の配偶者？装着」（京都新聞）など活字が躍った。

中国でも日本国内でも出土したことがないとされる、勾玉と管玉でつくられた冠である。冠は、一番外側を、ガラス製管玉と大形のガラス製勾玉の連、まん中には、碧玉製管玉とガラス製勾玉の連、そして、さらに内側には、小形のガラス製勾玉の連で三連になっている。また、葬られた人の両耳にあたる位置には、青い管玉が肉眼ではっきりと確認できた。碧玉製の管玉を簾《すだれ》のように組み、先端にガラス製勾玉をつけたというゴージャスなものである。これを、ピアスにしてつけていたものらしい。

奈良文化財研究所の肥塚隆保氏によれば、この管玉の青色はケイ酸銅バリウムで古代中国の人工顔料《がんりょう》「漢青《かんせい》（ハンブルー）」で、時期的には紀元前三世紀ほど遡ること、また、中国から、南アジア、東南アジアの方面より海のルートを通って日本にきているという。管玉のガラス自体も中国産と見られるとのことで、中国の原料を使い、中国で作られたことになると報じている。

赤坂今井墳丘墓は、墳墓の上に六基、周辺には確認されたものだけで一九基以上、合計二五基以上の埋葬施設がある。勾玉管玉の冠がでてきたのは、その中の第四主体部で、この中で二番目に大きいものである。墓壙《ぼこう》の規模は、東西約七メートル、南北に約四・二メートル。棺は、長さ四・四メートル、幅一・三メートルで、丸木舟のような形をしている。

この墳丘墓の中心には、一番大きい第一主体部がある。これは、南北に一四メートル、東西に一〇・五メートルという巨大な墓壙を持つもので、弥生時代後期末頃、約三世紀前半に作られたとされる。また、棺は、朽ち果てているが南北に七メートル、東西に二メートルというもので、墓壙も棺も、この時代のものとしては国内最大であるとのことだ。この一番大きい第一主体部の調査は、まだ行われていないので何がでてくるかわからない。しかし、二番目に大きいものから、これほど立派な副葬品、装飾品がでてきたので、おそらく、それをしのぐ副葬品が期待できる。この三世紀前半に権力を掌握した人物、しかも、鉄やガラスの生産を行い富を蓄え、航海力を持った海洋民の丹後の王であろう。

福永伸哉氏は、

①赤坂今井墳丘墓に葬られた首長が活躍したのは、倭国の大乱の終盤の時期であること。

②丹後は弥生後期に発展しているといえること。

③九州か大和という考えが浮かぶが、弥生後期は丹後をクローズアップする必要があること。

④丹後は峰山町の扇谷遺跡から考えても、弥生前期から文化的基盤ができ、弥生後期から日本列島においても重要地点であったと考えられること。

⑤弥生後期という、石から鉄に転換する時代に一番多く鉄を持っていたこと。また、このころ、大阪には鉄が少なく、日本海中部東部地域で鉄を集積している。これに対し、近畿・東海から働きかけがあったといえること。

⑥畿内や東海で作られた銅鐸が丹後にももたらされている。つまり、制作地から離れた所にあるということは、近畿や東海から働きかけがあったと考えられること。

⑦このころ北部九州と瀬戸内は緊張関係にあったと考えられ、瀬戸内が機能しなくなった段階で、丹後が大事になってきた。丹後は、近畿、東海などに対し、生きるか死ぬかの重大なカギを握っていたと考えられる。

⑧その後、丹後（の力）が地盤沈下し、また四世紀中頃になると二百メートル級の巨大古墳ができる。丹後は、檜舞台にたつ時と低下する時とが繰り返しおとずれている。

赤坂今井墳墓第四埋葬全景（写真提供：京丹後市教育委員会）

と述べられている。

弥生墳墓として、全国で最大級の大きさで、最大の埋葬施設を持つ遺跡が丹後にあるということは、どういうことだろうか。これが開かれた時、日本海沿岸は、丹後半島は、真に表玄関として、古代の輝きを取り戻し、日本の歴史教科書が書き替えられるのではないだろうか。

(2) 二番目に大きな埋葬施設は女性

赤坂今井墳丘墓の二番目に大きな埋葬施設である第四主体部からは、見事な頭飾りにピアスをした被葬者が眠っていたが、この棺内にはほかに、被葬者の右膝元付近に、全長二二センチの鉄剣が切先を西にむけて置かれていた。また、右太股付近には、切先を東にむけた全長約六センチのヤリガンナが一点出土した。ヤリガンナは木を削る工具である。木製品を作ったり、舟などをつくる海人族の象徴のようなものだろうか。ほかにも、丹後の墓からはヤリガンナが多くでている。朝鮮半島の南部、金海伽耶の墳墓からもヤリガンナがでるということだ。金海伽耶とは、百済と新羅に含まれなかった小国家で、任那といわれた所で、古代日本と関わりが深かった土地であるが、そこと、丹後の墳墓はヤリガンナが特徴的であるという。赤坂今井墳丘墓でもヤリガンナが大事に埋葬されている。

このように、副葬品を見ても、当時において、最先端の技術を駆使した豪華な宝飾品を身につけた高貴な女性がここに眠っていると考えられる。

（3）一番大きな墓に寄り添う同族の墓

冠がでてきた第四主体部は、一番大きな第一主体部を一部破壊して作られていることから、それよりもあとで作られていることになる。

一番大きな墓を少しだけ破壊して寄り添うように次の墓を作っていることにどういう意味があるのだろうか。ここが大事なポイントなのである。

これについて以前、この丹後に眠る貴人は、卑弥呼とも近い関係の同族の者と思えるとしてきたが、さらにもう一歩進めることができる。

赤坂今井墳丘墓はまず中央に大きな墓が築造されており、それから何年かあとで、二番目に大きな墓が寄り添うように作られている。前の人の墓を少し削って次の墓を作るのだから、征服した敵の上に新たな征服者の墓を作ったのだという意見をいう人があったが、そうではないと思う。もしも、征服した相手の墓を穢してその上に墓を重ねたとしたら、死んでからも敵対者と一緒で、安らかに眠ることなどできないのではないか。

このように、中心の墓に少しずつ重ねるのは、丹後の王墓によくあるようだ。これは、同族で、しかも権力の中枢にいた近親者であることを示している。

中心に眠るのは、当時にあって、全国一の最高の王者である。その一族のもの、特に血縁的にも近しいものは、その王者とともに、永遠の眠りにつくことが望みであり、それを体現したのがこうした埋葬施設の重なりであろう。

この墳墓には、たくさんの人が葬られているが、同族のものであることは間違いない。しかも、一番大きな墓にそのうちの三つが第一主体部に少しひっかけた形で墓がつくられている。これらは、中でも近親者の有力者であろう。

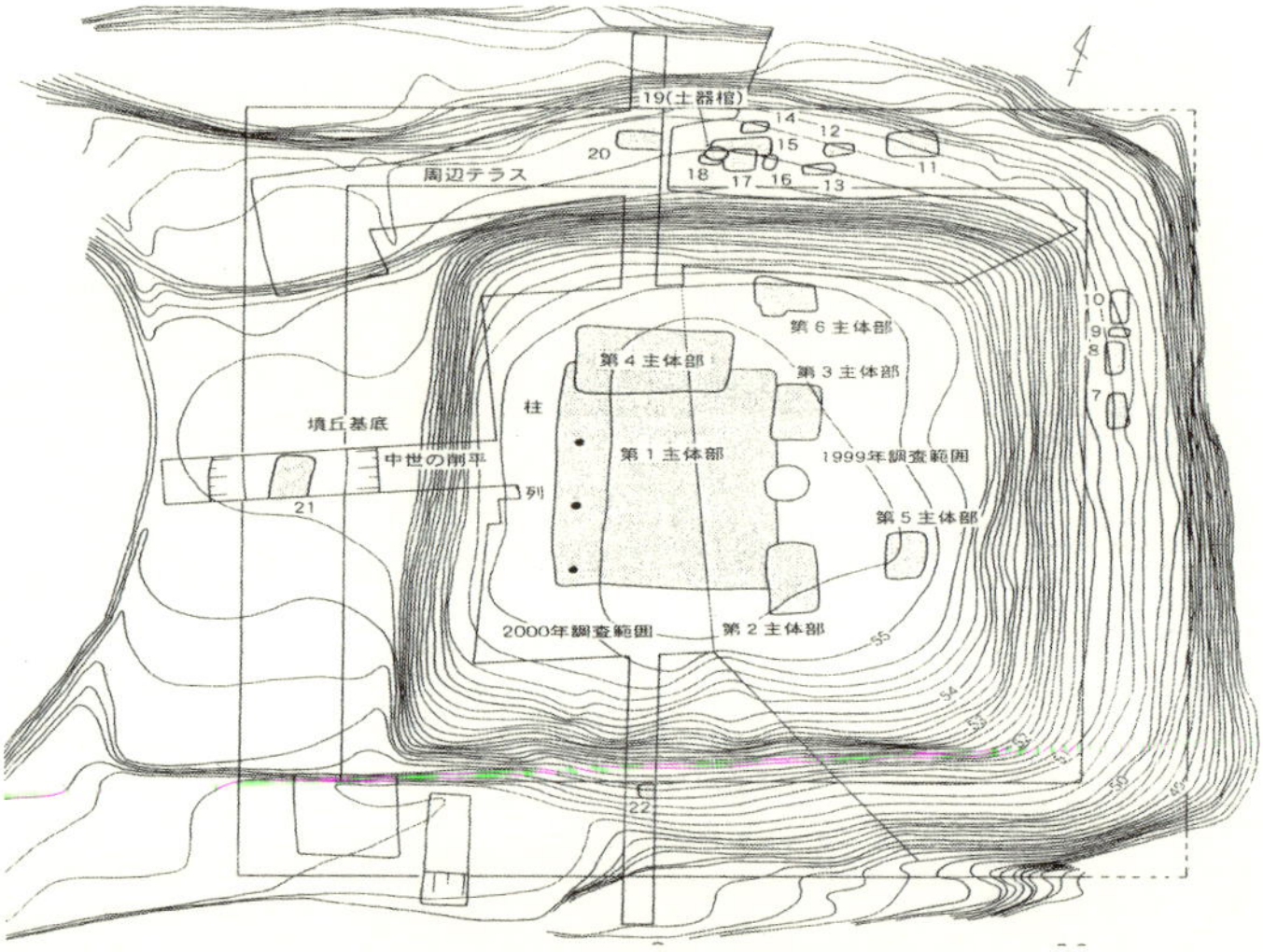

赤坂今井墳丘墓の現地説明会資料

（4）赤坂今井墳丘墓に眠るのは海人族

弥生後期、この時代に全国一の大きさを誇る赤坂今井墳丘墓に眠る貴人、王とは誰だろうか。この赤坂今井墳丘墓に眠る人物は、卑弥呼ではないか、トヨではないか、あるいは、卑弥呼の一代前の王族たちか、という考えである。

いずれにしても、卑弥呼とトヨの一族がここには眠っているのではないだろうか。

トヨが、卑弥呼に代わって女王としてたったのは、わずか一三歳の時である。小さな子供であったトヨにとって、シャーマンとしての素質があればあるほど神経も研ぎ澄まされ大きなプレッシャーを抱いていた可能性もある。二六六年に西晋に朝貢した記録があり、これがトヨといわれている。卑弥呼の死後の翌年をトヨの一三歳と仮定すると、そのころトヨは三十歳になっている。

歴史の記録は、その後、「広開土王碑」により三九一年に倭軍が海を渡ったことがわかる。次は、四二一年の『宋書』倭国伝などに、倭王讃が登場するが、二六六年の遣使の記録から百数十年ほどの間は記録がなく、謎の四世紀といわれる。

なぜ、記録が途絶えているのか。これは、あくまで推測であるが、トヨがずっと長く生きてその活躍が顕著であれば、三十代の女王の活躍はもっと中国史のほうに記録が残っていてもいいはずではないだろうか。しかし、万が一、トヨの身に何かがあったとしたら、どうなっていただろうか。トヨが何歳まで生きたかはわからない。

こうしたことを考えてみると、卑弥呼やトヨが活躍していた時代が丹後の隆盛期であったといえないだろうか。

赤坂今井墳丘墓の一番大きな第一主体部は未発掘であるため、被葬者については想像をたくましくするだけで確定的な答えは得られない。

墳墓の被葬者を特定することは難しい。少なくとも墳墓の年代と、被葬者の没年代が一致する必要がある。

赤坂今井墳丘墓は、土器の編年から推測すれば、二三〇年位の埋葬施設であるという。そうすると、卑弥呼が亡くなったのが二四八年とすれば、十数年誤差がある。トヨがもしかりに若くして亡くなってしまっていたとしても、二六六年以降とすると、二三〇年頃とされる墳墓の年代とは合わない。土器の編年に従えば、赤坂今井墳丘墓は、海部氏の一族が眠っているとしたら、それは、卑弥呼より先に亡くなった人となる。

『魏志』には、

「その国、本また男子をもって王となし、住《とど》まること七、八十年。倭国乱れ、相攻伐すること歴年、乃ち共に一女子を立てて王となす」とある。

弥生後期に存在する卑弥呼は、倭国が乱れて共立され、王となった卑弥呼であるが、それまでは、男王が治めていたとある。その男王とは誰だろうか。

卑弥呼が九世孫の日女命なら、八世孫にあたるのが、日本得魂命《やまとえたまのみこと》で、これが男王とも考えられる。赤坂今井墳丘墓が、土器の編年から二三〇年位の埋葬施設と推測されているから、それに従えば八世孫日本得魂命となる可能性がある。

ただ、一番大きな第一主体部はまだ発掘されていないので、全容はわからない。わかっているのは、二番目に大きな第四主体部に眠っていたのは、見事な冠をつけた女性であろうということである。

そして、もし土器による編年に二、三十年の誤差が認められるとしたら、弥生後期、当時、全国で最大の墳墓である赤坂今井墳丘墓には、弥生後期の女王、卑弥呼あるいはトヨという可能性もでてくるのではないか。

被葬者を特定するのは決定的な証拠である碑文などがない限り難しいが、卑弥呼とトヨの一族である海人族が眠っているということはいえるのではないだろうか。

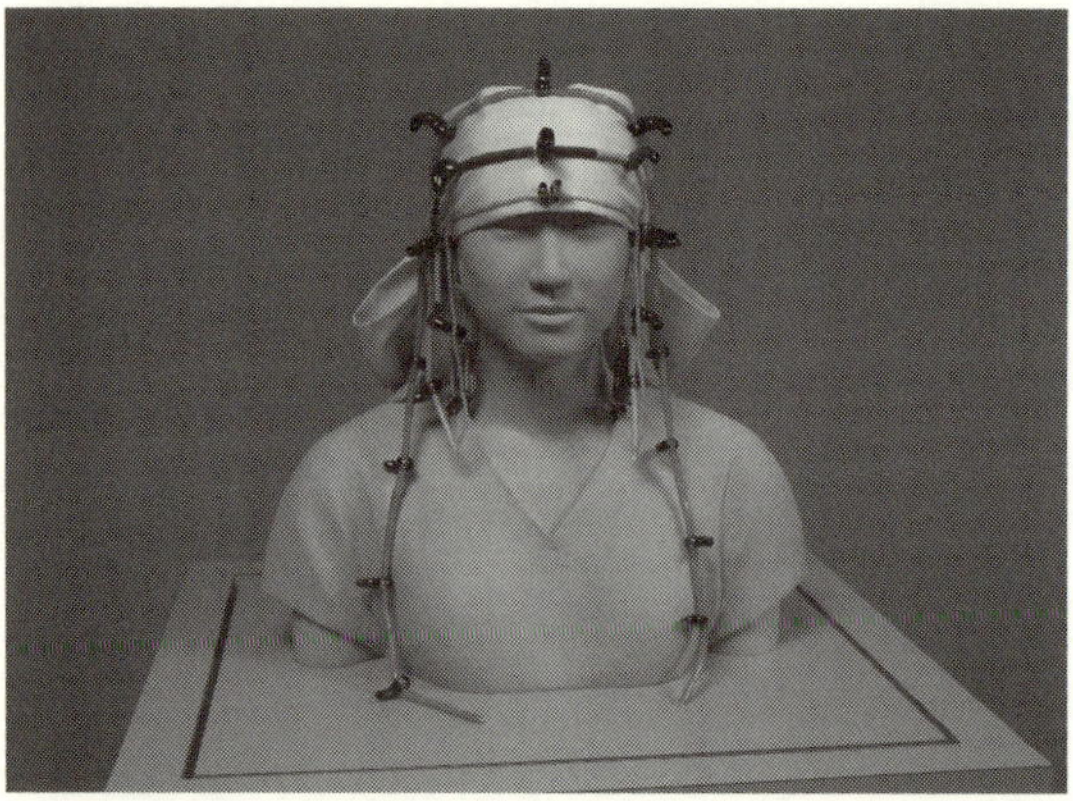

赤坂今井墳墓の頭飾り復元品(写真提供:京丹後市教育委員会)

十二、邪馬台国から大和朝廷へ

「イリ」王朝とは、一般的には崇神王朝をいい大和の三輪に本拠を置いたと推測され、天皇や皇族にイリのつく名前が多いことから「イリ王朝」ともいわれる。他所から入ってきたからイリの名があるなどさまざまな説がある。「イリ」がつくのは、崇神天皇、垂仁天皇である。これらの天皇の和風諡号になぜ「イリ」がつくのであろうか。

そこで気付くことは、「イリ王朝」の時代と、大丹波王国（＝丹後王国）の隆盛の時代が一致することである。ミマキイリヒコイニエ（崇神天皇）やイクメイリヒコイサチ（垂仁天皇）がすでに王国であった丹後王国と関係したとしたら、ここに入り婿したのではないだろうか。つまり、母系の大王家に入って来た人物をいっているのではないだろうか。イリがつく天皇は、崇神天皇、垂仁天皇である。

一〇代　崇神天皇　　ミマキイリヒコイニエ
一一代　垂仁天皇　　イクメイリヒコイサチ

ミマキイリヒコイニエ（崇神天皇）やイクメイリヒコイサチ（垂仁天皇）が大丹波王国（＝丹後王国）にイリ婿した人物だとしたら、時代的には、次のような仮説が成立する。

仮説1　崇神は、トヨに入り婿
仮説2　垂仁は、比婆須比売命に入り婿

仮説2は、『古事記』や『日本書紀』でも示されているように、垂仁天皇は、比婆須比売命を皇后に迎えている。そして、その姉妹たちをも妃に迎えている。その関係を母系である比婆須比売命に主力があったのではないか、それで入り婿であったという解釈をしたものである。

仮説1では、突然「トヨ」の名前がでてきてめんくらわれたかもしれない。トヨとは、『魏志倭人伝』にでてくる卑弥呼の宗女トヨのことをいっている。このトヨについて、筆者は丹後一宮籠神社の所蔵する国宝『海部氏系図』等の分析からこのトヨが「十一世孫　日女命」に該当し、古代丹波国に関係した人物ではないかとした。そして、さらに、トヨに相当する人物と崇神天皇にみなされる人物が同時代にいると考察した。

その傍証として、二つあげる。

ひとつは、『古事記』に示された崇神天皇の亡くなった年を示す記述である。そこには、戊寅の年の十二月とある。これに該当する年は、二五八年と三一八年であるが、ここから、崇神天皇の没年を三一八年と推定した。また、トヨにあっては、推定で二四九年には一三歳で女王となり、二六六年に西晋に遣使した倭の女王がトヨであれば、同時代に存在していたことになる。

また、もうひとつは、『海部氏勘注系図』の中にある。

「十一世孫　小登與命」の所には、「亦云　御間木入彦命」また、「亦云、小止與命」「一云、建稲種命」とある。ここにある「御間木入彦命」とは崇神天皇を示しているのだろうか。そして、トヨは十一世孫・小登與命の妹として記述されている。

系図に現れる妹というのは、一般的な女性ではなく、祭祀を司るような重要な女性を表す。系図によれば、十一世孫・小登與命が御間木入彦命（第一〇代崇神天皇）、そして、そこに記される女性、日女命が祭祀を司った女性祭祀王であるトヨだと考えられるのではないだろうか。

このように見ていくと、後の大和朝廷のいう崇神天皇といわれる人は、トヨの王国すなわち海人族の人物ではないかと考えられるのである。

卑弥呼の時代からトヨに引き継がれた邪馬台国は、引き続き、崇神天皇に引き継がれ、ヤマトにおいて大和朝廷へと連続していったのではないだろうか。

ヤマトへは早くに丹後海人族が入っており、ヤマト建国の基礎を作ったのも丹後海人族であり大丹波ではないか。

従って、崇神に引き継がれた大和朝廷は海人族が作ったと考える。

『日本書紀』を見ると、崇神天皇の条に、「丹波の氷上のヒカトベ」というシャーマンが登場する。このシャーマンも「丹波」の人である。古代の施政者のそばには、必ず巫女がついていた。その力が大きいものは、巫女王となった。そして、その巫女王がいた所が大丹波王国（＝丹後王国）、ここが女王国ではなかっただろうか。

各国の王たちに共立されて女王となった卑弥呼は、倭国の女王である。倭国とは、九州までも含む広い範囲と考えるが、その中心的位置を占めるのは、ここに示す大丹波王国（＝丹後王国）であろう。

卑弥呼は、海人族の女王、丹後を中心とする大丹波王国（＝丹後王国）の女王である。

あとがき

丹後は、天孫降臨の伝承が残り、浦島、羽衣伝説の発祥地であり、元伊勢伝承が残され、数々の重要な遺跡があります。なぜ、ここにこれだけの伝承や遺跡があるのか。その疑問を解決するためには、籠神社の『海部氏系図』『海部氏勘注系図』を読み解かねばならないと思い、研究を続けてまいりました。

昭和五八年に門脇禎二先生の発表された「丹後王国論序説」に衝撃を受け、今まで秘かに抱いてきた疑問が解けてくる感動を覚えました。また、金久与市氏の『古代海部氏の系図』からは系図の重要性を学ばせていただきました。

そして、籠神社にて、実際に『海部氏系図』を拝観させていただくにいたり、『古事記』や『日本書紀』から学んだ歴史観が大きく揺らいでまいりました。古代に大きな勢力を持った海人族の存在がうかがえ、それはヤマトに入り、のちの大和朝廷の元を作った王国が見えてきました。まさに、古代日本の原点が丹後を中心とする大丹波にあり、私は、それを大丹波王国（丹後王国）と表現してきました。

丹後の弥生後期の遺跡からは、全国的にも屈指のガラスや鉄が出土しており、強い勢力を持った先進地であることがわかってきました。そして、『海部氏勘注系図』からは、その時代に女王がいたと思われる記述がありました。これこそ、『魏志倭人伝』が描いた卑弥呼やトヨにあたるのではないか、こうした女王を擁立できたのが当時ナンバー1の力を有していた海人族、のちの海部氏であり、さすれば、この海人族が関連した所こそ邪馬台国ではないか、との思いに到ったのです。

このように、卑弥呼の生きた弥生後期に、優れた文化を持っていたのが古代丹波国で、初期における邪馬台国は、丹後丹波にあり、やがて、邪馬台国としての中心をヤマトに移していき、それが大和朝廷に連続していくと考えました。

そして、『海部氏勘注系図』の中に書かれた九世孫の妹「日女命」が『魏志』に登場する卑弥呼にあたり、十一世孫の妹「日女命」がトヨとの考えに到りました。まさに、『海部氏勘注系図』の中に卑弥呼とトヨは生きていると。

日本の国の平和と人々の安寧を願い古代から祈りが捧げられてきました。卑弥呼とトヨも女王として倭国を良き国にしたいと祈り、倭国の平和に力を尽くしてきたといえます。卑弥呼やトヨが国造りによせた思いを、祈りをつないでいくこと、その心をつないでいるのが、海人一族であったのではないでしょうか。

『勘注系図』には、「豊受大神を祀らねば、国成りがたし」と書かれています。この言葉が過去から現在までたゆむことなく引き継がれてきています。だからこそ、広く豊受大神が祀られており、海部家が祝《はふり》として豊受大神を祀り、国のために祈り続けている姿があり、また、未来にわたって今後も引き継がれていくことであり、ここに大きな意味と価値があると思います。

古代を探る旅は、これからも果てしなく続きます。古代文献は限られている中で、国宝『海部氏系図』は、ますます重要性を増してくるものと思います。また、全国にはまだまだ多くの遺跡が眠っています。発掘されれば、さらに古代史の謎が明らかになってくることでしょう。今後も、謙虚に学んでいきたいと思います。

最後に、『海部氏系図』を拝観させていただきました丹後一宮籠神社第八二代海部光彦宮司様を初め宮司家の皆様のご厚意に心から深く感謝を申し上げます。

ひたすらに書き進めながら、丹後の祖神豊受大神様、またご祭神彦火明命様の大きな波動が背中を押してくださったかのように感じる日々でありました。そうでなければ、とうてい成し得ないことだったと感じております。

また、発刊にいたるまで、さまざまなご助力を賜りました方々、そして、明窓出版に心より感謝申し上げます。

日本と世界の安寧を心より祈りながら、筆を擱きます。

平成二八年十月一日

伴　とし子

参考文献

『古事記祝詞』 日本古典文学大系 岩波書店
『日本書紀』 日本古典文学大系 岩波書店
『風土記』 日本古典文学大系 岩波書店
『先代舊事本紀訓注』 大野七三著 新人物往来社
『神典』 大倉精神文化研究所 三省堂
『魏志倭人伝』 石原道博編訳 岩波文庫
『元初の最高神と大和朝廷の元始』 海部穀定 朝日精版
『元伊勢の秘宝と国宝海部氏系図』 海部光彦 元伊勢籠神社社務所
『神道大系』古典編十三 神道大系編纂会
『宋書』 汲古書院
『南齊書』 汲古書院
『晋書』 汲古書院
『梁書』 汲古書院
『国史大系』七 吉川弘文館
『群書類従』第一神祇部 続群書類従完成会
『三国史記』 金富軾 平凡社

『三国遺事』 一然 明石書店
『天皇と鍛冶王の伝承』 畑井　弘 現代思潮社
『丹後史料叢書』 永濱宇平 名著出版
『堺女子短期大学紀要』「講座・邪馬台国と倭王卑弥呼」 塚口義信
『ヤマト王権の謎を解く』 塚口義信 学生社
『巫女の歴史』 山上伊豆母 雄山閣
『倭国から日本国へ』 上田正昭 文英堂
『私の日本古代史』 上田正昭 新潮選書
『大和王権と河内王権』 直木孝次郎 吉川弘文堂
『古代女王制と天皇の起源』 前田晴人 清文堂
『倭人・倭国伝全釈』 鳥越憲三郎 中央公論新社
『ヤマト王権の謎をとく』 塚口義信 学生社
『古代海部氏の系譜』 金久与市 学生社
『邪馬台国と「鉄の道」』 小路田泰直 洋泉社
『邪馬台国』と日本人 小路田泰直 平凡社新書
『丹後王国の世界』 京丹後市立丹後古代の里資料館
「京都府遺跡調査報告書」第２１冊 京都府埋蔵文化財調査研究センター

「大風呂南墳墓群現地説明会資料」　岩滝町教育委員会
『みずほ』会報8号「大和と丹後の水晶玉について」　清水眞一・藤田三郎
（1993年5月15日発行）
『鉄の民俗史』　窪田蔵郎　雄山閣
『鉄の生活史』　窪田蔵郎　角川新書
『鉄から読む日本の歴史』　窪田蔵郎　学術文庫
『邪馬台国時代の丹波・丹後・但馬と大和』　二上山博物館編　学生社
『古代豪族』　洋泉社編集部　洋泉社
『続・邪馬台国のすべて』　ゼミナール　朝日新聞社
『謎の女王　卑弥呼』　田辺昭三　徳間書店
『卑弥呼と台与』　仁藤敦史　山川出版社
『古代丹後王国は、あった』　伴とし子　東京経済
『前ヤマトを創った大丹波王国』　伴とし子　新人物往来社
『卑弥呼の孫トヨはアマテラスだった』　伴とし子　明窓出版
『ヤマト政権誕生と大丹波王国』　伴とし子　新人物往来社
『応神と仁徳に隠された海人族の真相』　伴とし子　新人物往来社
その他多数

著者プロフィール　伴とし子（ばんとしこ）

1　略歴

一九五五年京丹後市に生まれる。滋賀県近江八幡市在住。大谷大学文学部文学科卒業。佛教大学史学科博物館学芸員課程修了。伝説、歴史の研究に取り組み、国宝『海部氏系図』の研究を行う。大丹波王国論（＝丹後王国論）を展開する。古代丹波歴史研究所所長。日本ペンクラブ会員。京都地名研究会会員。全国邪馬台国連絡協議会会員ほか。

2　主な著書

『網野の浦島伝説』（網野町文化保存会編）（昭和五五年）
『龍宮にいちばん近い丹後』（平成二年）
『古代丹後王国は、あった』（東京経済）（平成一〇年）
『前ヤマトを創った大丹波王国』（新人物往来社）（平成一六年）
『卑弥呼の孫トヨはアマテラスだった』（明窓出版）（平成一九年）
『ヤマト政権誕生と大丹波王国』（新人物往来社）（平成二三年）
『応神と仁徳に隠された海人族の真相』（新人物往来社）（平成二四年）
『丹後王国物語』（丹後建国１３００年記念事業実行委員会編）の
「まんが丹後王国物語」執筆（せせらぎ出版）（平成二五年）
『卑弥呼と邪馬台国』（テレビせとうち）（共著）（平成二六年）ほか

資料

「魏志倭人伝」（書下し文と注釈）

倭人は帯方（1）の東南大海の中にあり、山島に依りて、国邑をなす。旧（もと）百余国。漢の時、朝見（2）するものあり。今、使訳（3）通ずる所三十国。

（1）帯方――朝鮮半島の帯方郡のこと。郡治は、ソウル。

（2）朝見――臣下が天子に拝謁すること。

（3）使訳――使者と通訳

郡より倭に至るには、海岸にしたがって水行し、韓国を歴《へ》て、あるいは南し、あるいは東し、その北岸狗邪韓国に到る七千余里。

始めて一海を度《わた》る千余里、対馬国に至る。その大官を卑狗《ひこ》といい、副を卑奴母離《ひなもり》という。居るところ、絶島、方四百余里ばかり。土地は山険しく、深林多く、道路は禽鹿《きんろく》（1）の径の如し。千余戸あり。良田なく、海物を食して、自活し、船に乗りて南北に市糴《してき》（2）す。

また、南一海を渡る千余里、名づけて瀚海《かんかい》という。一支国に至る。官を、また卑狗《ひこ》といい、副を卑奴母離という。方（3）三百里ばかり。竹木・叢林多く、三千ばかりの家あり。やや田地あり、田を耕せどもなお、食するに足らず。また、南北に市糴《してき》す。

また、南一海を渡る千余里、名づけて瀚海という。一大国に至る。官をまた卑狗といい、副を卑奴母離という。方三百里ばかり。竹林・叢林多く、三千ばかりの家あり。やや田地あり、田を耕せども、なお食するに足らず、また南北に市糴す。

また、一海を渡る千余里、末盧国に至る。四千余戸あり。山海に浜《そ》うて居る。草木茂盛し、行くに前人を見ず。好んで魚鰒《ぎょふく》を捕らえ、水深浅となく、皆沈没してこれをとる。

東南陸行五百里にして、伊都国に到る。官を爾支といい、副を泄謨觚・柄渠觚という。千余戸あり。世ゝ王あるも、皆女王国に統属す。郡使の往来常に駐《とど》まる所なり。

東南奴国に至る百里。官を兕馬觚といい、副を卑奴母離という。二万余戸あり。

東行不弥国に至る百里。官を多模といい、副を卑奴母離という。千余家あり。

南、投馬国に至る水行二十日。官を弥弥といい、副を弥弥那利という。五万余戸ばかり。

南、邪馬壱（台）国に至る、女王の都する所、水行十日陸行一月。官に伊支馬、次を弥馬升といい、次を弥馬獲支といい、次を奴佳鞮《ぬかて》という。七万余戸ばかり。

（1）禽鹿《きんろく》――鳥とけもの

（2）市糴《してき》――（米を買うこと）

（3）方――四方

女王国より以北、その戸数・道里は得て略載すべきも、その余の旁国は遠絶にして、得て詳らかにすべからず。

次に、斯馬《しま》国あり。次に、巳百支国有り。次に、伊邪国あり、次に都（郡）支国あり、次に、弥奴国あり、次に、好古都国あり、次に、不呼国あり、次に、姐《そ》奴国あり、次に、対蘇国あり、次に、蘇奴国あり、次に、呼邑国あり、次に華《か》奴《ぬ》蘇《そ》奴《ぬ》国あり、次に鬼国あり、次に、為吾国あり、次に、鬼奴国あり、次に、邪馬国あり、次に躬《きゅう》臣国。次に、巴《は》利国あり、次に支惟国あり、次に、烏奴国あり、次に、奴国あり。これ女王の境界の尽くる所なり。

その南に狗奴国（1）あり、男子も王となす。その官に、狗古智卑狗あり。女王に属せず。郡より女王国に至る万二千里。

（1）狗奴国は、女王国に服属していないということである。

男子は大小となく、皆黥面《げいめん》（1）文身す。古より以来、その使い中国に詣るや、皆自ら大夫と称す。夏后少康の子、会稽《けい》に封ぜられ、断髪文身、もって蛟竜《こうりゅう》の害を避く。今倭の水人、好んで沈没して魚蛤《ぎょこう》を捕らえ、文身しまた以て大魚・水禽《すいきん》を厭《はら》う。後やや以て飾りとなす。諸国の文身各々異り、あるいは左にしあるいは右にし、あるいは大にあるいは小に、尊卑差あり。その道理を計るに、当に、会稽《けい》の東冶《とうや》の東にあるべし。

その風俗淫ならず。男子は皆露紒《ろかい》し、木緜《もめん》をもって頭に招《か》け、その衣は横幅、ただ結束して相連ね、ほぼ縫うことなし。婦人は被髪屈紒《くつかい》し、衣を作ること単被《たんぴ》のごとく、その中央を穿《うが》ち、頭を貫きてこれを衣《き》る。

禾稲《かとう》・紵麻《ちょま》を植え、蚕桑緝績《さんそうしゅうせき》し、細紵《さいちょ》・縑緜《けんめん》を出す。その地には、牛・馬・虎・豹・羊・鵲《じゃく》なし。兵には矛・楯・木弓を用いる。木弓は下を短く上を長くし、竹箭《ちくせん》はあるいは鉄鏃、あるいは骨鏃なり。有無する所、儋耳《たんじ》・朱崖と同じ。

倭の地は温暖、冬夏生菜を食す。皆徒跣《とせん》(2)。屋室あり。父母兄弟、臥息処《がそく》を異にす。朱丹をもってその身体に塗る。中国の粉を用いるがごときなり。食飲には、籩豆《へんとう》(3)を用い手食す。

その死には棺あるも槨《かく》なく、土を封じて冢《つか》を作る。始め死するや停喪《ていそう》十余日、時にあたりて、肉を食わず、喪主哭泣《こくきゅう》し、他人就いて歌舞飲酒す。已に葬れば、挙家水中に詣《いた》りて、澡浴《そうよく》し、もって練沐《れんもく》の如くす。

その行来、渡海、中国に詣るには、恒に、一人をして頭を梳《くしけず》らず、蟣蝨《きしつ》(4)を去らず、衣服垢汚、肉を食わず、婦人を近づけず、喪人の如くせしむ。これを名づけて持衰《じさい》と為す。もし行くもの吉善なれば、共にその生口、財物を顧し、もし疾病あり、暴害にあえば、すなわちこれを殺さんと欲す。その持衰謹まずといえばなり。

真珠・青玉を出す。その山には丹あり。その木には、枏《だん》（くすのき）（5）、杼《ちょ》（6）、予樟《しょう》（7）、楺《ぼう》（8）、櫪、投橿《きょう》（9）、烏号（10）、楓香（11）あり。その竹には、篠簳《しのだけ》（12）、桃支（13）。薑《きょう》（14）、橘（15）、椒《しょう》（16）、蘘荷《じょうか》（17）あるも、もって、滋味となすを知らず。獮猴《せんこう》（18）、黒雉あり。

その俗挙事行来に、云為《うんい》する所あれば、すなわち骨を焼きて卜し、もって吉凶を占い、まず卜する所を告ぐ。その辞は、令亀の法の如く、火坼《かたく》を視て兆を占う。

その会同・坐起には、父子男女別なし。人性酒を嗜む。大人の敬する所を視ればただ手をうちもって、跪拝に当つ。その人寿考、あるいは百年、あるいは、八、九十年。その俗、国の大人は皆四、五婦、下戸もあるいは、二、三婦。婦人淫せず。妬忌《とき》せず。盗窃《とうせつ》せず。諍訟《そうしょう》少なし。その法を犯すや、軽き者はその門戸および宗族を没す。尊卑各々差序あり。相臣服するに足る。租賦を収む、邸閣《ていかく》あり、国国市あり。有無を交易し、大倭をしてこれを監せしむ。

（1）黥面《げいめん》——顔の入れ墨

（2）徒跣《とせん》——はだし

（3）籩豆《へんとう》——籩《たかつき》

（4）蟣蝨《きしつ》——しらみ

（5）枏《だん》（くすのき）
（6）杼《ちょ》――つるばみ、ドングリの木
（7）予樟《しょう》――くすのき
（8）楺《ぼう》――不明、櫪――不明
（9）投橿《きょう》――かしの一種
（10）烏号――弓を作る木
（11）楓香――かえで
（12）篠簳――しのだけ
（13）桃支――不明
（14）薑《きょう》――はじかみ、しょうが
（15）橘――たちばな
（16）椒《しょう》――さんしょう
（17）蘘荷《じょうか》――みょうが
（18）獮猴《せんこう》――猿の一種

女王国より以北には、特に一大率（1）を置き、諸国を検察（2）せしむ。諸国これを畏憚《いたん》（3）

す。常に、伊都国に治す。国中において刺史（4）のごときあり。王、使いを遣わして京都（5）、帯方郡、諸韓国に詣り、および郡の倭国に使するや、皆津に臨みて捜露（6）し、文書、賜遺の物を伝送して女王に詣らしめ、差錯する（7）を得ず。

（1）一大率——邪馬台国から北九州に派遣された長官の中国的呼称。
（2）検察——犯罪を調べ、証拠を集めること。
（3）畏憚《いたん》——おそれはばかる。
（4）刺史——前漢の武帝のとき置く諸国督察の官。
（5）京都——魏朝の都、洛陽。
（6）捜露——さがし明らかにする。
（7）差錯する——いりみだれる。

下戸（1）、大人と道路に相逢えば、逡巡して草に入り、辞を伝え事を説くには、あるいは蹲《うずくま》り、あるいは跪《ひざまず》き、両手は地に拠り、これが恭敬を為す。対応の声を噫《あい》という、比するに、然諾《ぜんだく》（2）のごとし。

（1）下戸《げこ》——一般庶民
（2）然諾《ぜんだく》——承諾

その国、本また男子を以て王となし、住《とど》まること、七、八十年。倭国乱れ、相攻伐すること歴年、乃ち、共に一女子を　立てて王となす。名づけて卑弥呼という。鬼道（1）につかえ、よく衆を惑わす。年はすでに長大なるも、夫婿なく、男弟あり。佐《たす》けて国を治めている。王となりしより、以来、見るある者少なく、婢千人をもってみずから侍せしむ。ただ男子一人あり。飲食を給し、辞を伝え居処に出入りす。宮室、楼観（2）、城柵を厳かに設け、常に人あり、兵を持して守衛す。

（1）鬼道——天神のほか祖先霊まで広く用い、道教に対してよく使用され、他民族の宗教に対してもいう。

（2）楼観——たかどの

女王国の東、海を渡る千余里。また、国あり。皆倭種（1）なり。また、侏儒国あり、その南にあり。人の長（たけ）三、四尺、女王を去る四千余里。また、裸国、黒歯国あり、また、その東南にあり。船行一年にして至るべし。倭の地を参問するに、海中州島の上に絶在し、あるいは絶え、あるいは連なり、周旋五千余里ばかりなり。

（1）皆倭種——倭人と同じ民族。

景初二年（1）六月、倭の女王、大夫の難升米等を遣わし、(帯方）郡に詣り、(中国の）天子のところに詣りて朝献することを求めた。太守劉夏、吏（2）を遣わし、将《ともな》って送りて京都に詣らしむ。

その年十二月、詔書（3）して、倭の女王に報じて曰く、親魏倭王卑弥呼に制詔（4）す。帯方の太守劉夏は、使いを遣わし汝の大夫難升米・次使都市牛利をおくり、あなたが献じた男生口四人、女生口六人、班布二匹二丈を奉じて到る。汝がある所はるかに遠きも、乃ち使いを使わして貢献す。これ汝の忠孝、我れ甚だ汝を哀れむ。今、あなたを親魏倭王（5）となし、金印紫綬（くみひも）を与仮し、装封（6）して帯方の太守に付し、仮授（7）せしむ。汝、それ種人を綏撫（すいぶ）（8）し、勉めて孝順をなせ。

汝が来使、難升米・牛利、遠きを渉り、道路勤労す。今、難升米を以て率善中郎将となし、牛利を率善校尉となし、銀印青綬を仮し、引見労賜（9）し遣わし還す。

（1）景初二年～二三八年。（三年の誤りで二三九年の説あり。）

（2）吏――役人

（3）詔書――みことのりを記した書。

（4）制詔――天子の命令。

（5）親魏倭王――魏に親しい倭国の王の意。

（6）装封――つめてとじる。

(7) 仮授——仮り授ける。
(8) 綏撫《すいぶ》——安んじていたわる。
(9) 引見労賜——呼び寄せて合う。ねぎらって物を賜う。

今、絳地《こうち》(1)交竜錦(2)五匹、絳地の縐粟罽《すうぞくけい》(3)十張、蒨絳《せんこう》(4)五十匹、紺青(紺青色の織物)五十匹でもって、汝が献ずるところの貢物の値に答える。又、特にあなたに、紺地句文錦(5)三匹、細班華罽《さいはんかけい》(6)五張、白絹(7)(もようのない白い絹織物)五十匹、金八両、五尺刀二口、銅鏡百枚、真珠、鉛丹おのおの五十斤を賜う。みな装封して難升米・牛利にわたす。還り到着したら受け取り、あなたの国中の人に示し、国家(魏)が汝を哀れむ(8)を知らせよ。故に丁重にあなたに好物を賜うのである。」と。

(1) 絳地《こうち》——あつぎぬ
(2) 交竜錦——二頭の竜を配した錦の織物
(3) 縐粟罽《すうぞくけい》——ちぢみ毛織物
(4) 蒨絳《せんこう》——あかね色のつむぎ
(5) 紺地句文錦——紺色の地に句ぎりもようのついた錦の織物
(6) 細班華罽《さいはんかけい》——もようを細かくまだらにした毛織物

（7）白絹――もようのない白い絹織物

（8）汝を哀れむ――あなたをいとしく思っていること

正始元年（二四〇）、太守弓遵、建中校尉梯儁《ていしゅん》（魏の使者）らを遣わし、詔書・印綬（1）を奉じて、倭国に詣り、倭王に拝仮し、ならびに、詔をもたらし、金帛・錦罽《けい》、刀、鏡、采《さい》物（2）を賜う。倭王、使いに、因って上表し、詔恩（3）を答謝（4）す。

（1）印綬――印は官吏の身分を証明する印形。綬は、印の環に通して身につけるひも

（2）采《さい》物――彩色文章を施したもの

（3）詔恩――天子のありがたいみことのり

（4）答謝――答礼の言葉をのべる

その正始四年（二四三）、倭王、また、使い大夫、伊声耆・掖邪狗等八人を遣わし、生口・倭《わ》錦《きん》（1）・絳青縑《こうせいけん》（2）、緜衣《めんい》（3）、帛布《はくふ》（4）・丹・木弣・短弓矢を上献す。掖邪狗等、率善中郎将の印綬を壱拝（5）す。

その正始六年（245）、倭の難升米に、黄幢《こうどう》（6）を賜い、郡に付して仮授せしむ。

（1）倭錦《わきん》――日本の錦

（2）絳青縑《こうせいけん》――紅糸と青糸で織った絹の布。
（3）緜衣――つむぎの衣服。
（4）帛布――絹の布。
（5）壱拝――ひとしくたまわる。
（6）黄幢《こうどう》――軍の指揮に用いる黄色の旗。軍旗。

その正始八年（二四七）、太守王頎《おうき》、官（1）に到る。倭の女王卑弥呼は、狗奴国の男王と、素より和せず。倭の載斯・烏越等を遣わして、郡に詣り、相攻撃する状を説く。塞曹掾史張政等を遣わし、よって、証書、黄幢《こうどう》をもたらし、難升米に拝仮せしめ、檄（2）をつくりてこれを告諭（3）す。

（1）官――役所。
（2）檄――ふれ。さとしぶみ。
（3）告諭――つげさとす。

卑弥呼以て死す。大いに冢《ちょう》を作る。径百余歩、殉葬する者、奴婢百余人であった。さらに男王をたてたが、国中服せず。こもごも相誅殺し、当時千余人を殺す。

また、卑弥呼の宗女（1）壱与（2）という年十三なるを立てて王となし、すると国中が平定した。政等、檄を以て壱与を告諭す。壱与、倭の大夫率善中郎将掖邪狗等二十人を遣わし、政等の還るを送らしむ。よって、台（3）に詣り、男女生口三十人を献上し、白珠（4）五千孔、青大勾珠二枚、異文雑錦（5）二十匹を貢す。（了）

（1）宗女——同族の女。本家筋の女。

（2）壱与——台与。

（3）台——魏都洛陽の中央官庁

（4）白珠——白い珠。

（5）異文雑錦——あやを異にしたあらい錦。

（訳は主に『新訂魏志倭人伝他三篇』石原道博編訳と『倭人・倭国伝全釈』鳥越憲三郎著を参考にさせていただいた）

卑弥呼《ひみこ》の真実《しんじつ》に迫《せま》る
京都府丹後《きょうとふたんご》に謎解《なぞと》きの鍵《かぎ》！

伴《ばん》とし子《こ》

明窓出版

平成二八年十一月二十日初刷発行

発行者——麻生 真澄
発行所——明窓出版株式会社
〒一六四—〇〇一二
東京都中野区本町六—二七—一三
電話 （〇三）三三八〇—八三〇三
ＦＡＸ （〇三）三三八〇—六四二四
振替 〇〇一六〇—一—一九二七六六
印刷所——中央精版印刷株式会社

ISBN978-4-89634-368-7
ホームページ http://meisou.com

神功皇后は実在した
その根拠と証明　　後藤幸彦

それでは、果たして神功皇后の存在は単なる作り話なのであろうか。私には、これの全てが造作であるとは思われない。それぞれの説話の内容を吟味し、以前にも増して進歩した科学の目をもって詳細に調査すれば、その根拠となったものは一体どのような事象であったのか、新たに分かるのではないかと考えた。

また、年代においても、何故過大な年代となっているのか、そこに何か法則性がないのか、外国の史料との整合はないのか等、改めて新しい観点から神功皇后紀を読み直してみたのである。

（中略）従来の歴史を見る目、解析法では、解決しないと考え、視点を変えて資料を見直すこととした。

その結果、神功皇后を中心とした、前後の諸天皇の年代を割り出すことに成功した。そして、一少女の奇跡ともいうべき運命を読み取ることができた。それはまさに神功皇后紀の記載が現実そのものであっても、何の不具合もないことであったのである。

第一部　神功皇后の時代
　第一章　神功皇后の新羅遠征／第二章　神功皇后と気比大神
　第三章　神功皇后と住吉大神／第四章　神功皇后と熊野大神
　第五章　神功皇后の朝鮮経営
第二部　日本書紀二倍年暦
　第一章　倭の五王の年代／第二章　応神天皇と倭の五王
　第三章　各天皇の年代／第四章　古事記分註天皇崩年干支
付録　メジャーで辿る邪馬台国第四章　神功皇后と熊野大神

大東亜の嵐

誰も語らなかった真実の満洲と日本軍

西山　進

終戦七十年を迎えた今こそ、日本人なら知っておきたい真実の日本近現代史がここにある。
「我が国の近代化への目的は、屈辱的な不平等条約の解消であった」(本文より)

真摯に歴史を研究する著者が、秘められた史実を詳らかにしながら「なぜ日本は大東亜戦争へと流れ込んでいったのか？」を問い、「正しい歴史認識を持ってもらうこと」をテーマに著した一冊。著者の故郷、京都府福知山は第24代自由民主党総裁・谷垣禎一の生地であり、本書に登場する元陸軍中将の影佐禎昭は谷垣禎一の祖父であった。ここに数奇な縁を感じた著者は、アジア解放のために立ちあがった高潔な男たちの姿を描き始めた。

第一章 我が国の歴史認識と宗教問題／第二章 満州国誕生／第三章 夢の新幹線誕生／第四章 岸と影佐。運命のライバル／第五章 マレーの虎と太平洋戦／第六章 運命の分岐点／第七章 利他消失／第八章 大いなる理想、その建前と本音／第九章 女たちの世界／第十章 夢を追った男たち／第十一章 消された大東亜会議／第十二章 帝国軍人の戦争／第十三章 い号作戦とアッツ島／第十四章 アッツ島玉砕／第十五章 けがの功／他　　1648円（税抜）